不管媽媽多麼討厭我

手記 母さんがどんなに僕を嫌いでも

歌川泰司——著

丁安品——譯

前言

「媽，做雜煮飯給我吃。」

如果能和在天堂的媽媽再見一次面的話，我會這麼對她說吧。

大家知道「雜煮飯」嗎？在我成長的東京下町，這是所有人都知道、非常普通的一道家庭料理。做法是將牛蒡、蓮藕、紅蘿蔔、油豆腐、香菇和雞肉切成細絲，用醬油和砂糖煮得鹹甜後，再和剛煮好的飯攪拌在一起，最後撒上燙熟的豌豆、蛋皮絲和海苔絲享用。燉煮的美味沁入白飯，是最棒的滋味。

每一年媽媽的忌日，我都會做著雜煮飯，回憶去世的媽媽。

小時候，因為媽媽做的雜煮飯實在太美味，我都會一碗接著一碗地吃個不停。我最喜歡能做出如此美味雜煮飯給我吃的媽媽了。那個時候，媽媽是我在世界上最尊敬的人。

但是，十多歲以後，我與媽媽彼此激烈地憎恨對方，也狠狠地相互傷害。十七歲時，我就從家裡逃了出來。我在遠離媽媽的地方，成為了大人。

有很長一段時間，我和媽媽避不見面，也不願意想起她。那是因為，我無論如何都不能原諒在我的身心留下無法抹滅的創傷的媽媽。

即使內心懷抱著憎恨，我最喜歡媽媽的雜煮飯這件事，依舊是不變的。如果想吃的話，就只能自己學著做出和媽媽相同味道的雜煮飯。

雖然失敗過好幾次，現在的我，已經能做出和媽媽一樣的味道了。甚至連朋友也都稱讚好吃。也許我做的雜煮飯，已經超越媽媽的味道也說不定。
但是，我好想再吃一次媽媽為我做的雜煮飯。
無論到了幾歲，我都還是會這樣想。

目次

1 我家在鎮上的小工廠

我不需要遊戲機，
只要有紙、鉛筆和工廠的人，我就可以一直、一直玩下去。

二〇一二年，東京晴空塔在我成長的小鎮落成，離我家最近的車站也從「業平橋站」改名成為「東京晴空塔站」。在電視上看到這則新聞的時候，我忍不住脫口而出：「哇！是我的故鄉耶！我的故鄉！」

我的孩提時代是在業平橋站附近度過的。那時候，鎮上沒有什麼值得注目的東西。在還沒有便利商店和家庭餐廳的時代，就只是個工廠和木造住宅比鄰而立的小鎮而已。在這樣的小鎮上會蓋起東京晴空塔，當時任誰都無法想像吧。晴空塔是一座非常巨大的高塔，從東京各個地方都能看見它，這樣的高塔竟然就建在那個小鎮上，至今我仍覺得難以置信。

鎮上許許多多小工廠之中，我父親就經營著其中一間，工廠二樓就是我住的地方。

每次從學校回家，我都會先和工廠職員說「我回來了」，才回到二樓的住處。工廠大約有二十位左右的員工，大家即使手邊在忙，也會笑著對我說「你回來啦」，對我來說，他們就等同於我的家人。

小學時代的我，是其他孩子欺負的對象。

同學都會聚集在隅田川沿岸的大公園，不是玩躲避球、足球、棒球或警察抓小偷（或者也有人說小偷躲警察，是鬼抓人遊戲的一種），就是到池塘撈小龍蝦或小魚。而我則是那種成天躲在工廠角落、自己一個人玩耍的小孩。

父親的工廠是紙品加工場，成堆的紙張積得像山一樣高。工廠的人會將紙裁切成適合我拿來塗鴉的尺寸。那些高級紙用來讓小孩子塗鴉實在太過奢侈，是專業插畫家繪製作品時使用的紙。

我會花好幾個小時在紙上寫故事和畫圖，創作許多想像的怪獸與想像的英雄決鬥的小劇場。雖然我老是在寫故事和畫圖，我的國文和美術成績還是相當難看。但是，工廠的人總是對我創作的故事稱讚有加。

我不需要遊戲機，只要有紙、鉛筆和工廠的人，我就可以一直、一直玩下去。

2 美麗母親的另一面

這樣厲害的媽媽，我怎麼可能不尊敬她呢？
媽媽最虔誠的信徒不是別人，就是我自己。

「你的母親是什麼樣的人啊？」

每當被問到這個問題，我都會回答：「我媽媽是個很美麗的人。」

小學低年級的時候，我最自豪的就是有個美麗的媽媽。不是只有我覺得媽媽很美，每天都有許多人對我說：「你的媽媽真是個大美人啊！」也經常有人說：「你媽媽不只是漂亮而已，還很優雅又有品味。」這麼美麗的媽媽來學校參加家長參觀教學日時，教室都會傳出「咦？那是誰的媽媽啊？」的發問，引起一陣騷動。每當那種時候，我都打從心底覺得好開心。

媽媽無論在什麼方面都高人一等，就連遠足和運動會的便當也總是很豪華，不但裝了滿滿的菜肴，連擺盤也很精緻。同班同學都會過來偷看我的便當，好像很羨慕我的樣子。

不只是這樣，媽媽的腦筋轉得很快，很懂得怎麼和別人聊天，在鄰居的阿姨之間相當受到歡迎。大家都會找媽媽商量煩惱，聆聽媽媽的諄諄教誨，然後很感激地點著頭回去。

客廳有客人來訪時，我都會悄悄地拉開一條門縫偷看，出現在我眼前的是無論看多少次都不會膩的景象：像信徒一樣的鄰居阿姨面前，綻放著閃耀光輝、彷彿教主的媽媽君臨於客廳。

「媽媽漂亮又受歡迎，你能當她的兒子，真是太幸福了！」附近的阿姨們一個個都對我這樣說。這樣厲害的媽媽，我怎麼可能不尊敬她呢？媽媽最虔誠的信徒不是別人，就是我自己。

但是，美麗漂亮、品味高尚、擅長做菜又是大家典範的媽媽，其實有著另外一張面孔。

媽媽擔任父親經營工廠的經理，幾乎從早到晚都待在辦公室裡。我每天從學校回家時，都要觀察媽媽的臉色，探看她是不是一臉煩躁的樣子。媽媽只要累積了太多壓力，就會因為任何一點小事不順心而把我推倒在地上。

美麗的母親在眾人面前優雅又高尚，但在大家看不見的地方，她就會散發出讓人緊張的不穩定氣息。只要有一點點看不順眼的事，媽媽就會大發雷霆，氣得推開我，幾乎要撞上牆壁。不只是如此，引爆媽媽憤怒的開關也每天都不一樣。

之前做過的事情沒挨過罵，但下次發生相同的事時，我卻會被揍到喊不出聲音。然而，大我三歲的姊姊卻從來不曾挨揍過，只有我一個人被打得很慘。對於媽媽的暴力行為，我當時感到很困惑。

但是，那時候的我卻認為，絕對不能讓別人發現媽媽對我施暴的事情。我甚至反而對媽媽感到抱歉，覺得都是因為自己做了蠢事惹媽媽生氣，害得她不得不對我暴力相向。我一定要守住媽媽受眾人崇拜、愛戴的地位，我當時是這樣想的。

「都是你太沒用了，大家對媽媽的評價才會下滑。」姊姊這樣對我說的時候，我非常沮喪。

就算在媽媽的拳打腳踢下受了傷，我也拚命將傷口隱藏起來，所以附近鄰居和工廠的人似乎都沒發現媽媽對我施暴。

到了晚上，媽媽總是會和爸爸激烈地爭吵。咒罵聲、互相毆打的聲音、摔破東西的聲響都傳進了小孩子的房間，每當聽到這些聲音，我都有一種錯覺，好像我的家要被拆散得四分五裂了，胸口幾乎要被不安給壓垮。

有一天晚上，爸爸和媽媽的吵架比過往還要激烈。

「你快點去搞個笑，讓他們停止吵架啦！」

姊姊這樣命令我，於是我跳到爸媽面前抱著必死的決心搞笑，結果壯烈犧牲了。爸爸怒罵我一頓，媽媽甩了我一巴掌，兩人的爭吵就此結束。

隔天早上我醒來後，發現媽媽趴在餐桌上睡著了。

「媽媽可能哭了吧。」

我腦中浮出這個想法，突然覺得媽媽好可憐，心裡一陣酸。看著媽媽疲憊的背影，彷彿她下一秒就會消失似的，我的胸口悶悶不樂。但是，身為小孩子的我什麼事都沒辦法為媽媽做，只能夠幫她蓋上毛毯而已。

「媽媽很溫柔嗎？」

「你喜歡媽媽嗎？」

大人總喜歡問小孩子這些問題，我不想讓提問的人感到不安，更不願意讓媽媽被別人說閒話，所以每次都這樣回答他們：

「媽媽很溫柔，我最喜歡她了！」

但是，當我這麼說的時候，內心總是感到一絲絲的複雜。

3 溫柔的奶奶

無論什麼時候，奶奶都會站在我這邊，
奶奶身旁是我在這個世界上最能感到安心的場所。

我在學校是被欺負的孩子，就連回到家也不能放鬆，然而，還是有人願意待在這樣的我身邊，那個人就是奶奶。

雖然我稱她是「奶奶」，但她並不是我真正的祖母，而是我出生以前就在工廠工作的老太太。即使我們沒有血緣關係，我還是叫她「奶奶」，奶奶也將我當成她真正的孫子般疼愛。

我還在上幼稚園的時候，總是黏在奶奶身邊，一步也離不開她。奶奶工作結束準備回家時，我都會嚎啕大哭，緊緊抓著奶奶不放開。

「我最喜歡奶奶了，所以不要回去嘛！」

對於當時不時向她直白表達愛意的我，奶奶應該是非常感動吧，於是就經常帶我回她家住一個晚上。我和奶奶睡在同一個被窩裡，撫摸著她的乳房入夢。雖然沒做什麼特別的事，但每次去奶奶家時，都能讓我打從心底感到放鬆。

察覺到媽媽對我拳打腳踢這件事的，也只有奶奶一個人。

「為什麼姊姊沒事，只有小泰挨打得這麼嚴重呢？」奶奶經常這樣說。

媽媽在大家面前幾乎不曾開口抱怨或訴苦，只有對奶奶一個人，她才會經常發牢騷。雖然媽媽在其他人面前總是一副受到景仰愛戴的模樣，但是面對任何事情都默默聆聽的奶奶，她就會吐出心中的苦悶和不滿。

「為什麼奶奶只是一直聽媽媽說話，可是自己什麼都不說呢？」

我這樣問奶奶，她回答我：

「如果奶奶不安靜聽媽媽說話，她的怒氣就不能排解，然後又會打小泰了啊。」

奶奶是為了我，才當媽媽的聽眾。

當我被媽媽狠狠揍了一頓後，奶奶對我說：「奶奶在工廠的時候，你就待在我身邊。」

因為奶奶這句話，我開始頻繁往工廠跑。無論什麼時候，奶奶都會站在我這邊，奶奶身旁是我在這個世界上最能感到安心的場所。

我坐在離工作中的奶奶最近的位置，在紙上描繪故事或塗鴉，然後奶奶就會幫我把畫好的作品裝訂成圖畫書。

「小泰畫得真好，是一本很棒的圖畫書喔！」

奶奶總是對我的作品讚不絕口。我仗著奶奶對我的百般疼愛，得寸進尺地說出驚人的話：

「如果這麼棒的話，一定賣得出去吧！奶奶，帶著我的圖畫書去街上賣吧！」

對於我異想天開的要求，奶奶從沒說過「這種東西賣不出去」這樣的話。她只是將我畫的拙劣圖畫書封進袋子，微笑著對我說：「明白了，我這就拿去賣。」

到了隔天，奶奶用溫柔的聲音告訴我：「對不起，雖然小泰的圖畫書是很棒的書，但是賣不出去呢。應該是因為如果不是大人畫的圖，有錢的大人就不會想買。我想，小泰要等到變成大人後，畫的東西才能賣出去喔。但是奶奶最喜歡小泰的圖畫書了，為了奶奶，小泰要繼續畫下去喔！」

我雖然懷疑奶奶是不是真的帶了圖畫書上街去賣，不過只要奶奶高興的話，要我畫多少圖都沒問題。

我五歲的時候，媽媽曾經離家出走。

我完全不知道她離家的理由，只是有一天，媽媽帶著姊姊突然消失了。我一想到有可能再也見不到媽媽，就嚇得什麼話也說不出來。

「媽媽為什麼帶姊姊走，留下我一個人呢？」只要想到這件事，我就不停地哭，無論哭多久眼淚都還是會一直流出來。一想到只有我被丟下不管，就覺得自己彷彿被關進了某個又黑又暗，沒有其他人的地方。

我的父親不是那種會照顧小孩的人，甚至很少回家，就算我問他「媽媽什麼時候會回來」，也得不到任何回答。

那段期間，是工廠的人在照顧年幼的我。

奶奶帶我回到她家，讓我住下來、為我準備早餐，並且讓我繼續去幼稚園上課，工廠的人則是輪流收留我吃晚餐和洗澡，有時候還會帶我去游泳池或賽馬場。當我和奶奶與工廠的人在一起的時候，就能夠忘記被自己媽媽拋棄的事。

工廠的人時不時就對我說「來唱歌」、「快跳舞」，因為實在是太喜歡大家了，每次都一定會邊搖著屁股邊唱歌跳舞。工廠的人看了我的表演後都高興地拍著手，我覺得很開心。

雖然和工廠員工待在一起的時間很快樂，但是，我還是不可能忘掉媽媽。「如果媽媽再也不回來的話……」這樣的恐懼不時會襲上心頭，當時才五歲的我，每次一想到這個可能性，就忍不住哭泣。

「說不定媽媽會趁其他人不注意的時候，偷偷回來接我走。」我抱著這個念頭，堅持在家門前等媽媽回來。我不知道媽媽會從哪個方向現身，於是不停轉頭輪流看向左右兩邊，一直、一直等著媽媽。

「小泰，吃晚飯了。」

雖然奶奶叫我去吃晚餐，但只要想到「媽媽可能會在我吃飯時回來」，我就一口飯也吃不下。

雖然我什麼都沒說，但奶奶一眼就看穿了我的心思，她從工廠拿來手電筒和椅子，對我說：

「沒關係，奶奶會幫你看媽媽回來了沒，所以，快點先去吃飯吧。要是媽媽回來的話，她就會帶你到沒有人找得到的地方躲起來喔。」

奶奶坐在椅子上，開始讀起書來。

我吃著晚飯，比起媽媽，現在我更在意奶奶。我懸著一顆心，悄悄跑去偷看奶奶在做什麼，發現她很認真地坐在門口等媽媽。黃昏的餘暉中，奶奶戴著眼鏡讀書的臉，在手電筒的照耀下發著光。我洗完澡後又跑過去看，奶奶竟然還在家門口讀書。

「不用再幫我看也沒關係了啦！」

我緊緊抓住奶奶，她撫摸著我的臉頰說：「不要緊，媽媽一定會回來的。在媽媽回來以前，如果不好好吃飯的話，她會難過的。」

「好，我會好好吃飯！」我這樣回答。奶奶說了「媽媽一定會回來」，我也就認為「奶奶都這麼說了，媽媽一定會回來的吧」。光是奶奶的這句話，就能讓我放下心中的大石頭，安心入睡。

然後，和奶奶所預言的一樣，媽媽沒多久就真的回家了。

媽媽不在的這段期間，工廠的人似乎打從心底對我產生情感，就算媽媽回來了，也還是給予我許多關愛和食物。不管是飯前還是飯後，他們都會特地跑去買甜甜圈和烤雞肉串送我吃。也因為這樣，九歲的時候，我變成了超級肥胖兒童。

我很喜歡工廠的人，所以他們的愛讓我很開心。他們真的是我非常、非常重要的人。但自從變成肥胖兒童後，我在學校便開始遭受嚴重的霸凌。

對於體型巨大又順從內向的我，同班同學似乎覺得故意絆倒我，或是冷言冷語弄哭我，都是有趣至極的遊戲，或許是因為可以從中得到像是狩獵猛瑪象的刺激感吧。

我一天到晚被同學成群結隊欺負，班級導師也從來不曾庇護我。

「你是不是都一直在吃東西啊？稍微減個肥吧。」導師只是這樣說。

霸凌成為社會問題、霸凌防治法（防止霸凌對策推進法[1]）成立，都是我長大成人以後的事了。當時大部分人的看法都是「被霸凌的人才有問題」，如果小孩對大人說自己被欺負了，反而會遭到怒罵：「都是你太軟弱了！」當時

1　防止霸凌對策推進法：日本為防範校園霸凌，於二〇一三年通過的法律。法條規定學校必須設置相關心理諮詢窗口、隨時調查校園的霸凌行為、以及對霸凌加害人施以停課懲戒等。

是這樣的時代。

我覺得自己非得瘦下來一點才行，就對媽媽說「晚飯想吃少一點」。結果，這句話徹底激怒了媽媽，她將滾燙的味噌汁倒在我頭上，大聲怒吼：

「好啊，那你什麼都不要吃！」

不但如此，還發生了雪上加霜的事。當時六年級的姊姊，她的作文經由午餐時間的校內廣播被朗誦出來。就在大家同時準備開動的那一刻，擴音器正好傳出「我的弟弟才三年級，體重就已經五十五公斤……」的朗讀聲。教室裡鋪天蓋地捲起的爆笑漩渦瞬間將我吞噬，甚至還有一些小孩子朝著我辱罵：

「胖子，別吃啦！」

這樣一來，我也吃不下學校的午餐了。

「都沒有人想過，這樣的作文被朗誦出來後，我會遭受到怎麼樣的欺負。

大家覺得只要好玩就夠了。」我打從心底感到悲哀。

我直到午休結束都沒有吃一口飯，老師的耐性也耗盡了，脹紅了臉生氣地說：「算了，你快點收拾收拾。」

「我什麼都不吃，就這樣死掉算了。」我真心這麼想。

放學回家後，奶奶很快就注意到我的樣子有點奇怪，就問我：「發生什麼事了？只告訴奶奶一個人，好嗎？」

我向奶奶說明學校發生的事情後，奶奶就走到廚房，做了蒸麵包給我吃。

「我只加了一點點砂糖，所以吃了也不會變胖喔。」奶奶說完，端給我一個盤子，上面放著熱氣騰騰的蒸麵包。

當時蒸麵包的香味、盤子的圖案、蒸氣的形狀，直到現在還是清晰地烙印在我的腦海裡。

咖啡色的蒸麵包散發著微微的黑糖香氣，就算不甜也沒關係。就像奶奶說的，只要放在嘴巴裡一直嚼，麵包就會變得愈來愈甘甜。

「只要有奶奶陪在我身邊，大部分的事情我都能忍受。」當時的我這樣想。

4 進入兒童機構的那一天

我要和奶奶、工廠的人分開了。
一想到這裡，腳底下的地面彷彿開始崩塌陷落，要讓我墜入黑暗又恐怖的地方。

那是發生在我小學三年級第三學期[2]時的事情。

2 第三學期：日本的教育體制為三學期制。第一學期為四月一日至七月中旬，第二學期從九月上旬至十二月下旬，第三學期則是一月中旬到三月下旬。

我和平常一樣從學校回來，在工廠和奶奶分享今天學校發生的事情。那一天，爸爸難得出現在工廠，看到我就說「過來一下」。平時幾乎不和我說話的爸爸，為什麼突然找我？我感到可疑。

爸爸帶我到他的房間，對我來說，爸爸的房間一直以來都是不開放的地方，光是靠近就讓我心跳加速。接下來發生的事情，簡直是一場惡夢。

爸爸要緊張的我坐下來，開始發問：

「上個星期日，你和媽媽、姊姊，三個人去了哪裡？」

「橫濱夢樂園[3]。」我這樣回答，沒有說謊。

「除了媽媽和姊姊之外，還有一個人吧？是誰和你們在一起？」爸爸又繼續質問。

我感到不知所措，因為媽媽嚴格命令我，不管是誰問到這件事，都要回答是媽媽、姊姊和自己三個人一起去遊樂園的。

「我們是三個人去的。」我回答爸爸後，他憤怒地瞪向我。

「真的是三個人去的嗎？只有你們三個人的話，一定只能搭電車。你們是搭哪條線，在哪個車站下車的？」

我急得像熱鍋上的螞蟻，我根本不知道前往橫濱的電車路線。

「其實你們是坐汽車去的吧？快說，是和誰去的！」

爸爸大聲怒吼，我被恐懼震懾得動彈不得，一點聲音也發不出來。爸爸開始毆打我、踹我，但就算這樣我還是沒坦承實話，於是他一把拉開窗戶，抓住我的雙腳，讓我頭下腳上懸掛在窗外。雖然我們在二樓，但因為位於天花板高

3　橫濱夢樂園：位於橫濱的兒童遊樂園，曾為許多連續劇與電影的取景場所，於二〇〇二年倒閉。

聳的工廠樓上，從那個高度頭朝下墜落的話，絕對必死無疑。

父親的嚴厲盤問已經不是九歲小孩可以再假裝不知道的程度了。終於，我邊哭邊老實將實情全部說出來：其實是經常光顧工廠的年輕男職員開車載著我、姊姊和媽媽一起出門的。爸爸把我扔到地上，憤怒得連下巴都在顫抖，從房間走出去。

幾個小時後，換成媽媽過來對我說：「你和爸爸說了吧？真是的，我不會再帶你出門了，因為我不會再相信你了。」媽媽露出極為可怕的表情，我光是看到她的臉，心臟就像石化般動彈不得。

難道說，因為我不小心洩漏了祕密，爸爸對媽媽做出過分的事情了嗎？只要想到這裡，我整個人就坐立難安。

接著是一個月後左右的事。

我和往常一樣從學校回到家，一件讓小學生的小小世界徹底翻轉的恐怖事情正等待著我。真正讓人料想不到的事情，都是在沒有察覺到的時候默默展開，直到無論做什麼都無法挽回之後，才會席捲而來。我就是在這一刻，明白了這個道理。

媽媽把我叫到客廳坐下，開口對我說：「S縣有一個改善小孩子身體虛弱、肥胖和氣喘體質的兒童機構。你因為太胖在學校受到欺負，從四月開始，你就待在那裡一年吧。」

我太過震驚，什麼話都說不出來。

就算我手忙腳亂地想要抵抗，媽媽也一定會把我送進機構。我也要和奶奶、工廠的人分開了。一想到這裡，腳底下的地面彷彿開始崩塌陷落，要讓我墜入黑暗又恐怖的地方。

第一個察覺到我神情怪異的人是奶奶。

奶奶蹲在我面前，兩手放在我的肩膀上，用溫柔的聲音說：「是不是發生了什麼事？一點一點慢慢講也沒關係，告訴奶奶吧。」一聽到奶奶的聲音，凝結了我所有悲傷的堆積物就彷彿從我的眼睛、鼻子和嘴巴一口氣釋放出來，我開始激烈地放聲大哭。我一邊哽咽，斷斷續續地說出所有事情，花了一段時間才說完，但奶奶始終專注地聆聽到最後。聽完我說的內容，奶奶猛然站起來，往媽媽所在的辦公室走去。

平時穩重冷靜的奶奶，此刻一臉要挑起決鬥的模樣，我第一次看到奶奶的臉上出現這種表情。就算要和媽媽大吵一架她也在所不惜，我從奶奶的背影感受到她這樣的心情。

美麗的母親和溫柔的奶奶。

她們是我在世界上最不希望起爭執的兩個人。

我擔心媽媽會不會一怒之下對奶奶說出恐怖的話，整個人被不安籠罩，坐立難安。我跑到辦公室去看，但是沒見到媽媽和奶奶的身影。我愈來愈害怕，到工廠各處尋找她們，最後才聽見兩人的聲音從工廠的倉庫傳出來。

「妳以為小泰幾歲了？」

「我也沒辦法啊。」

我將倉庫拉開一條門縫，偷偷聽著兩人的對話。

「如果現在就把事情全都告訴那孩子的話，不就會搞砸一切了嗎？」媽媽神情激動，似乎在訴說自己困難的處境。

「那不是小泰的錯吧？把小泰趕出去不是太奇怪了嗎？他還是個孩子，最喜歡媽媽了啊！」

奶奶始終都站在我這邊，對奶奶來說，媽媽是老闆的妻子，敢於向媽媽提出忠告，一定是很需要勇氣的吧。

另一方面，媽媽也無法輕易地反抗奶奶。奶奶是媽媽嫁來這個家以前就在工廠工作的員工，所有事情都知道得一清二楚。如果奶奶和媽媽發生爭執離開工廠的話，可以想見工廠的其他人將會對媽媽如何冷眼相待，導致各種傳聞滿天飛，媽媽也會就此失去受到大家愛戴的地位。

我當時還是個小孩，當然還不了解這種複雜的事情，但也隱約感覺得出來媽媽和奶奶之間有一股看不見的力量在互相較勁。兩人一陣交鋒，爭吵了一會兒後，媽媽突然哭了起來。

「我也不想做出這種事情啊！」媽媽說完，兩手摀著臉。看到這樣的媽媽，我的內心就動搖了。沒有小孩能夠贏過母親的眼淚。

「媽媽哭了……」我的心就像抹布被擰成了一團。

一切都是因為我向爸爸說出了媽媽的祕密，才不得不去兒童機構，這原本就是我的錯。全部都是我的錯。

「如果只有一年的話，我去機構也沒關係。」我打算對媽媽這樣說。

5 奶奶給我的禮物

有媽媽在的家比較好。
有奶奶在的家比較好。
一這樣想，我的眼淚就停不下來，即使鑽進被窩裡，還是一直哭個不停。

時間來到四月，我進入兒童機構的日子也來臨了。
在小學四年級的一整年期間，我要離開父母到機構生活。

出發的前一天，媽媽為我做了我最喜歡的雜煮飯。雖然到了夏天就可以放假回家一段時間，但在那之前都吃不到雜煮飯，所以那天我吃了好多好多的飯，吃到肚子都要撐開了。

隔天，我背著背包，母親帶著我到業平橋站，兒童機構的副園長到車站接我們。媽媽和副園長打招呼，買好車票，一群人走往剪票口。

就在這個時候，傳來呼喚我的聲音：「小泰！」

我轉過頭一看，是奶奶。

奶奶平時在工廠都穿著圍裙、雙手戴著工作用護腕，今天則是外出的打扮，十分美麗。奶奶說，她要和我們一起去機構。

兩個月前，我告訴奶奶自己決定去兒童機構的那一天，為了不想看到奶奶哭泣的樣子，我假裝很期待地說：

「機構是在山裡面很像露營的地方喔。有很多獨角仙和鍬形蟲，還可以釣魚，而且還可以升營火呢！」

如果我看起來好像很期待機構生活的話，奶奶一定也會放心了吧。我想讓她明白自己一點也不可憐，請她不需要再為我擔心了。現在回想起來，奶奶最清楚我不喜歡戶外活動了，所以當時這個做法可能還是太勉強了吧。

結果奶奶聽了我說的話，眼淚還是一顆顆掉下來。說起來，這一切都是我洩漏媽媽的祕密造成的，所以奶奶會哭也是我害的，一想到這裡，我也覺得好難過。

雖然我什麼話都沒有說，但奶奶好像明白我內心在想什麼。

「小泰沒有錯喔。」奶奶說著，不停地溫柔拍撫我的背。

抵達兒童機構後，媽媽和奶奶開始整理我的行李。機構真的位在山裡面，四周圍繞著綠意。帶有樹木氣息的微風從窗戶吹來，連鳥叫聲也聽得一清二楚，旁邊還有寬廣的運動場和田地。

「這裡也不是多討厭的地方，一定有很多有趣的事情。」我漸漸開始這樣想。如果不抱持著這個想法，我只會擔心接下來等待著我的會是怎麼樣的生活，為此不知道該如何是好。

奶奶趁著媽媽有事離開房間時，從紙袋中拿出四角形的餅乾罐遞給我，然後說：「奶奶傍晚就要回去了，你等到我們回去後再打開它。」

「這是什麼？」即使我問奶奶，她也只是呵呵地笑著，不回答我。我搖了搖餅乾罐，傳出「吭咚、吭咚」的聲響，聽起來似乎裝了很多厚紙卡在裡面。

「不知道是什麼。」我小小聲地說，奶奶覺得很有趣似地笑了起來。

沒多久就到了傍晚，媽媽和奶奶準備要回去了。

「見面日那天我會來看你的。」聽到媽媽這句話，本來不想哭的我還是忍不住潰堤了。我看著她們的背影，嚎啕大哭了起來。

有媽媽在的家比較好。

有奶奶在的家比較好。

一這樣想，我的眼淚就停不下來，即使鑽進被窩裡，還是一直哭個不停。

我打開奶奶送給我的餅乾罐，裡面放著數十張明信片，上頭的收件人全都寫好了奶奶的姓名和住址，奶奶似乎是為了讓我只要直接投進郵筒就能寄到她手上而事先寫的。和明信片包在一起的信上寫道：「如果發生了什麼事，就寫在明信片上投進郵筒。奶奶會永遠站在小泰這邊。」

6 機構的「暴力王」

我所在的兒童機構並不是那種為了家庭因素或雙親有問題的孩童而建的單位，然而，實際進去後，會發現裡面收容了很多父母不知道該怎麼養育的小孩。

我所在的兒童機構主要收留小學三年級至六年級的孩童，男女生加起來大約有六十個人左右。房間是男女生混在一起，分成四間，大家起居都在一塊。房間地板鋪著榻榻米，就寢的時候必須自己鋪棉被。吃飯的時候是機構裡所有孩童聚集在餐廳用餐。至於上課是在別館的小教室，以年級區分，每個年級都有不同的級任老師。四年級生共有九個人，是人數最少的年級。

媽媽說過這裡是「改善小孩子身體虛弱、肥胖和氣喘體質的兒童機構」，這不是謊言，她也沒有說錯。我所在的兒童機構並不是那種為了家庭因素或雙親有問題的孩童而建的單位，然而，實際進去後，會發現裡面收容了很多父母不知道該怎麼養育的小孩。

許多孩童不是極端暴力、情緒不穩定，就是沒辦法專注，也有喜歡將昆蟲和動物四分五裂、不斷殺生的小孩，或是只要一發飆就停不下來的孩子。

這些孩童裡面，最讓我困擾的是同年級的大島。

他是機構裡的「暴力王」。

四年級生的教室因為他的破壞沒辦法上課，其他孩童也跟著態度變得惡劣，明明是只有九個人的小班級，卻演變成整個班級大造反。尤其是大島，他一刻也安靜不下來，只要他突然大叫一聲衝出教室，其他人也會興奮得跟著開始胡鬧。級任導師是年輕的女老師，但是她完全無力制止，上課時間總是演變成一團混亂。

大島有夜尿症，幾乎每天晚上都會尿床。機構的人幫他在棉被和床墊中間鋪一層塑膠墊，讓他睡在上面。到了早上，棉被周圍都是他灑出來的尿。

大島胡亂揮灑的不止尿而已，雖然他經常視線游移，一副怯生生的樣子，但當他感到強烈不安的時候就會開始找對象施加暴力。我是個文靜內向的小孩，又總是逃得很慢，他就把我當成攻擊目標。我每天都被他胡亂毆打、啃咬，過得非常悲慘。

還有，大島很討厭成年男性，與其說是討厭，不如說是莫名的恐懼比較正確。每當男老師或職員一責罵他，他就會瞬間放聲大哭。等他哭完以後，必定會轉頭開始對我發動攻擊，對我來說真的是無故受到牽連。

我當然討厭被暴力對待，但是和目前為止我在學校遭受到的霸凌比起來，這已經好太多了。因為至少不是被同學集體攻擊，只是被當成眼中釘而已，不是會造成我心靈傷害的欺負方式。

那是在我進入兒童機構不久發生的事。

當我走在機構的走廊時，發現大島正埋伏著等我。一直以來，大島都是在衝動之下突然對我施暴，埋伏攻擊是第一次，我警覺了起來。

「你又要揍我了嗎？我會去和老師說喔。」

我態度堅決地警告他，大島卻冒出一句：「陪我去廁所。」

「為什麼？」我這麼一問，大島回答：「因為很恐怖。」

這麼凶暴的傢伙竟然會害怕上廁所……

我感到有點不可思議，陪他一起走往廁所。

大島是個沒有辦法一個人去上廁所的孩子。他待在大房間時不會關上門，也不會進狹窄的場所，櫥櫃或倉庫等黑暗的地方更是不可能進去。

從此之後，大島只要想上廁所，我都會陪他一起去。他可能是覺得，如果對象是內向的我的話，就會不敢抵抗、乖乖照著他說的話做吧。確實是這樣沒錯，雖然我也覺得每次都要陪大島上廁所很麻煩，但如果拒絕後他發飆的話，只會更讓人困擾，於是我每次都只好答應陪他去廁所。

沒過幾天，大島開始會在半夜搖醒我。

「我想去廁所。」他邊說邊搖晃著我的身體。

我揉著想睡的眼睛，雖然覺得很討厭，但還是每天晚上陪他去廁所。不久，大島半夜尿床的次數就減少了，漸漸地，他也愈來愈少對我施暴。

進入兒童機構後過了幾個月，夏天要來臨了。

機構的庭園開滿蓮花，孩童們也開始編織起花圈、和山裡的小動物遊玩。有人追逐著昆蟲，也有人第一次看到蛇而大吃一驚，孩子們以各種不同的方式親近大自然。

暑假期間有一段時間可以各自回家，大家都興奮地等著回家，我當然也很期待。

然而，在梅雨季快結束的時候發生了一件事。我發現學校庭園的欄杆上爬著很多蝸牛，便抓了好幾隻，玩起蝸牛賽跑的遊戲。這時，有個傢伙突然衝過來撞飛我，將蝸牛一隻隻踩得碎爛。不用想也知道，那個人就是暴力王大島。

「你做什麼啦！」我忍不住大叫起來。大島接著再度朝我飛奔過來，開始咬我。雖然機構的職員很快就發現，把我們拉開，但他咬得相當大力，傷口都滲出血了。不知道為什麼，隨著回家時間逼近，大島好像就愈來愈焦躁。

然後，終於到了可以回家的前一天。

大島逃出機構，不知道溜到哪裡去了，機構出動所有職員，所有人都臉色大變，到處尋找大島。他們搜尋了櫥櫃、倉庫，就連跳箱裡面都找過一遍。孩童全都集中在餐廳，只能在一旁看著職員拚命尋找大島的身影。

「大島才不會躲在倉庫或跳箱裡，他絕對不會進去黑暗或狹窄的地方。」我愣愣地這樣想，覺得大島一定已經逃到機構外面了。

我感到很不可思議。

「明天就可以回家了，為什麼偏偏要選在今天逃走呢？大島其實是想從什麼地方逃跑嗎？」這是當時的我怎麼想都想不通的一件事。

最後是警察發現了大島蹣跚地走在國道上，將他帶進了警局保護。

7 暴力王的傷痕

就算眼前有個遭受虐待的小孩，很多大人也會裝作沒看到。

在兒童機構照顧孩童的職員之中，有溫柔的人，也有不是如此的人。不溫柔職員的代表，就是孩子們稱呼「抓狂怪」的中年職員。抓狂怪是個只要發生一點小事就會口吐惡言的阿姨，曾有小孩被抓狂怪罵到哭出來。

「歌川的媽媽好漂亮喔。」和我同一個房間的女孩子這樣說的時候，抓狂怪就不屑地說：「那種女人哪裡漂亮了？我才不覺得呢。化那麼濃的妝，隨便什麼人都會變漂亮。她的妝化得像酒家女一樣。」抓狂怪當時的表情，我到現在都忘不了。對我來說，抓狂怪是值得紀念的人，因為她是我人生中遇到第一個「絕對不想變成的那種大人」。

我很早就認知到不可能所有的職員都是天使。我不把抓狂怪當成一回事，去親近溫柔的職員，在他們身邊轉來轉去。抓狂怪或許覺得很不是滋味，就捏造出我會在半夜自慰的傳聞，向其他職員散播。我當時才十歲，怎麼會懂得自慰呢？從各種方面來說，抓狂怪都是個讓人不敢恭維的人。

暑假結束，大家也各自從自己的家回到兒童機構，原本的機構生活又開始了。大島也回到了機構，但他的樣子和暑假前有點不同，好像變得比以前稍微沉默了一點。

隔天是健康檢查，男女生各自分開，每個人都要脫光衣服，只剩一條內褲，先測量身高和體重。負責健康檢查的職員正好是抓狂怪。

大島不知道為什麼，頑強地拒絕脫掉衣服、露出裸體。就算抓狂怪用命令的口吻逼迫他「快脫掉衣服」，大島也只是回說「不要」，整張臉和耳朵脹紅，連頭皮都紅通通的。我一點也不懂為什麼大島會這麼抗拒。抓狂怪看起來也同樣想不透，她滿臉不耐煩，用恐怖的表情對大島怒吼：「別囉哩巴唆的，快點脫衣服！」但是大島依舊堅持著「不要」，抓狂怪便拉扯起大島的襯衫，打算霸王硬上弓，剝掉他的衣服。大島發出近似悲鳴的慘叫，開始猛踢抓狂怪回擊。

「大島！你這放肆的傢伙真是對自己太好了！」憤怒的抓狂怪以更巨大的音量怒罵回去。

「就算是大島，可能也有想被好好對待的時候吧！但有人可以對他好嗎？是不是他只能對自己好呢？」在我胡亂思考的時候，哭得死去活來的大島也失去了抵抗力，結果衣服還是被脫了下來。

這時，所有人的視線都緊緊盯在大島身上。

大島的身體有著無數結痂、抓傷和燙傷的痕跡，全身上下爬滿了傷痕。

「那些傷口是怎麼回事？」現場所有人心裡一定都這麼想吧。

抓狂怪也絕對不可能沒注意到大島的傷疤，但是她卻假裝沒發現。測量完大島的身高和體重後，她就像什麼事都沒發生一樣，只是命令大島：「去做視力檢查。」大島面無表情，安靜地穿好衣服離開了。

隔天，我問大島：「你為什麼受傷了？」但大島只回一句「少囉唆」，開始伸出腳踹我。他看起來徹底不想碰觸這個問題，因此我也不再深入追問。

現在的日本有虐待防治法（與防止兒童虐待相關的法律），要是發現到任何疑似虐待的案件，就有義務通報警察或兒童諮詢所，如果是教育或保育機構的話更應該這麼做。可是，當時並沒有這條法律。

在那個時代，就算父母虐待孩子致死，以殺人罪來說刑罰也比較輕微，即使被判坐牢也大部分會是緩刑。就算眼前有個遭受虐待的小孩，很多大人也會裝作沒看到。

在這樣的社會風氣之下，通常虐待的事實還沒攤在檯面上，受虐兒便失去了性命，或是身體和心靈已經背負無法抹滅的傷痕。就算真的有虐待行為，到頭來也會被抹得一乾二淨。

大島沒有成長為大人。

他在十四歲的時候死去了。

我知道這個消息時已經是國中生了，但健康檢查那天的事情還能鮮明地浮現於腦海。大島是怎麼死的？訃聞的明信片上一個字都沒寫到這件事。我參加了大島的守靈夜，遇到很多待過機構的孩童和機構的老師，但是在場沒有一個人提及大島為什麼死掉了。是意外嗎？還是生病？就連這樣的訊息也沒有，一切都被隱瞞了起來，不讓任何人知道。大島就只是死去了。

「那個時候，要是抓狂怪做出適切的處理，大島就不會死了吧。」當然我不知道事實究竟是如何，但還是會忍不住這樣想。

我永遠也忘不了當時抓狂怪的行為。

對大島的傷口視若無睹的大人，當然並不是只有抓狂怪一個人而已，但是在我心中，抓狂怪就成了「假裝沒看見虐待行為的大人」的象徵。無論如何、無論如何，我都沒辦法忘懷。

8 告別奶奶

我懂的。從現在開始，就算告訴奶奶也沒有辦法解決的事、只會造成奶奶的憂心而說不出口的事，都只會愈來愈多而已。

在兒童機構生活時雖然有很多無聊的事，但是有趣的事情也不少。夏天時，我們會在森林裡捉獨角仙或是到濕地釣魚，大家聚在一起玩撲克牌或其他遊戲，也很快樂，甚至還舉辦了試膽大會。秋天就挖挖地瓜、撿撿栗子。到了冬天則有聖誕派對，我甚至還體驗了有生以來第一次的搗年糕。

雖然有各種好玩的事，不過最讓我感到開心的，還是寫信給媽媽和奶奶的時候。

寫信給奶奶時，我腦中總是會浮現以前畫給奶奶看的圖畫書的回憶。我一心只想要像當時一樣得到奶奶的稱讚，全神貫注在信紙和明信片上。在慶生會上演了短劇、撿到王瓜後翻閱圖鑑等等，我卯足了全力，努力寫出奶奶讀了應該會很高興的文章。當我寫出連自己都覺得寫得真好的文章時，不禁驕傲了起來，自以為是地想著：「奶奶會看得懂這文章好在哪裡嗎？」

媽媽和奶奶的回信寄來時，我高興得連打開信封都等不及。才剛收到回信，我就馬上又想要再寫回信的回信給她們。在書信往返的同時，我覺得自己的文章真的寫得愈來愈好，對於寫信這件事感到情緒高昂。我想要讓自己的文章愈來愈進步，就開始到圖書室借書，隨手拿到什麼書就一本接一本讀下去。

我想，自己就是從這個時期開始喜歡上寫文章的。當時的我完全不知道，熱愛寫文章這件事將會對我的未來產生巨大的變化。

進入兒童機構後過了一年，終於到了可以回家的日子。

「小泰，歡迎回家。你很努力呢。」奶奶為我做了稻荷壽司，還買來蛋糕慶祝。工廠的人也一個個來找我說話，讓我覺得自己好像變成了大明星。我在這一年內長高了七公分，大家都嚇了一跳，這件事也讓我開心不已。

接下來的事是這樣的。

媽媽把我叫了過去，對我說：

「爸爸和媽媽決定離婚了。」

媽媽說，我要和姊姊、媽媽一起離開這個家。一切都已經決定好了。當時的我，雖然內心不是沒有絲毫動搖，卻也不像當初被告知要進兒童機構那般震撼。雖然我那時候才只有十一歲，可是我已經明白許多事情了。

我知道他們離婚是因為父親有了女友，也知道事實上媽媽也另外有喜歡的男人。我甚至明白，媽媽會讓我進入兒童機構，是因為她害怕我會在他們反覆討論離婚的時候，不小心說出一些不必要的事情。

還有，我也知道自己再也不能夠像以前一樣和奶奶見面了。

終於到了離開家的日子，奶奶雙眼通紅地對我說：

「小泰還有奶奶在，所以，如果發生了什麼事，要告訴奶奶喔。小泰不是一個人。」

「嗯。」我回答。

但是，我懂的。從現在開始，就算告訴奶奶也沒有辦法解決的事、只會造成奶奶的憂心而說不出口的事，都只會愈來愈多而已。

即使如此，我手邊剩下的那些奶奶送我的明信片，直到奶奶從工廠退休、自原來的家搬走為止，我都一直好好地收在抽屜裡。

9 媽媽虐待我的開始

能夠坦白說出自己遭受虐待的孩童是不存在的，大部分的孩子都會包庇自己的父母。小孩會認為，父母對自己施暴是因為自己做錯了事情，所以並不是虐待。

媽媽和爸爸離婚後，帶著我和姊姊搬到比之前更髒亂的小鎮，我們就住在鎮上的獨棟房子。媽媽用離婚時爸爸給她的錢當了餐廳的老闆。原本還是一間讓大家吃飯的餐廳，漸漸地變成了喝酒的店。受到媽媽美貌吸引的男人都會來喝酒，簡單來說就是酒店。

沒過多久，媽媽就帶男人住進了我們家。

姊姊對和媽媽的男友同居這件事相當抗拒，但我卻覺得沒什麼。我老早就知道美麗的母親非常有魅力，經常吸引異性，也明白這種事情遲早會發生。

然而我沒想到的是，和媽媽同居的男人一個換一個，每次分手時都引發劇烈爭吵，媽媽也變得愈來愈自暴自棄。我更沒料到，情緒變得極不穩定的媽媽，會開始頻繁地出手攻擊我。

「我不需要你這傢伙，快去死吧！」

「滾開，噁心！」

「看到你的醜臉我就想吐！」

媽媽每天都對我吐出惡毒的話，不只是嘴巴上罵我而已，還會很激烈地對我施以肢體暴力。她會猛踹我的肚子，踹到我胃裡的東西都要吐出來。拿擀麵棒用力敲我的頭，敲到我幾乎要昏過去。她還用竹刀刺我的喉嚨、在我的指甲上捻熄菸頭，甚至還會把我綁在家門外面。

還有很多很多更過分的事，有一天就發生了讓我永遠也忘不掉的事。在我小學六年級的時候，媽媽竟然拿生魚片菜刀砍我。

事情發生前一天是媽媽的生日，媽媽當著我的面扔掉我送她的生日禮物。我受到很大的打擊，同時也感到很氣憤。到了隔天早上，我故意不和媽媽正眼相對，媽媽和我說話我也一直沉默不理她。結果，媽媽一怒之下就拿起菜刀朝我揮過來，我馬上舉起雙手用手臂抵擋，我的手臂因此被砍傷了，但如果沒舉手保護的話，被砍到的就是頭了。我反射性地想看看手臂有沒有受傷，就在這時，媽媽手中的菜刀又劈了下來。第二次我也驚險地用手臂擋下來了。

媽媽不止砍我一次，還出手第二次，我對此震驚不已。只要弄錯一步，我可能就會被殺死。

生魚片菜刀異常鋒利，刀子俐落地劈下來，我甚至沒察覺到手臂被砍到裂開，於是沒做任何處理就直接去上學，一直到抵達學校後同學說「你流血了」，我才發現自己的傷口，衣服沾滿了血，驚嚇地趕緊衝去保健室。

「你是在哪裡受傷的？」班級導師問起來的時候，「是被媽媽用生魚片菜刀砍傷的」這種話我打死也說不出口，只好向老師說謊：「我在上學途中撿路上的鐵皮來玩，就被割到了。」

「真的是在上學途中受傷的嗎？」導師繼續追問：「是在路上的哪裡？是怎麼樣的鐵皮？鐵皮一定還在原地，我可以去確認一下嗎？還是說，你其實是在家裡受傷的？」

「上學途中被鐵皮割傷」這樣的謊言，很快就露出了馬腳。

「我是在家裡玩菜刀的時候受傷的。」我這樣說後，導師就不再追究了。雖然導師帶我到醫院縫傷口，但接著他就鬆了一口氣似地對我說：「如果是在家裡受傷的話，學校不會負責任。學校沒有提供保險，等一下回家和媽媽說要來醫院付錢。」

如果是自己一個人玩，會在手臂上、甚至是接近手肘的部位弄出必須縫四針的傷口嗎？導師一定也明白這個原因很牽強吧。但是，導師也裝作沒發現。當時的風氣就是這樣，很多大人就算察覺到虐待行為，也會選擇無視。而我也說謊包庇了媽媽的暴行，不讓導師懷疑可能是媽媽對我動手，而引發騷動。

前面也寫到，要是發現到任何疑似虐待的案件卻假裝沒看到，在今天的社會是違法的。通報警察或兒童諮詢所是國民應盡的義務。如果那天的事發生在現在，班級導師的行為就會被認定是違法行為。現今的整個社會上下，都正在致力於不讓孩童遭受虐待和霸凌。

但是如果受虐的本人不坦承說出自己被虐待的事實，學校或行政機關也就難以出手幫忙。在本人否定虐待的情況下，要找出虐待的證據是相當不容易的事。

然而，能夠坦白說出自己遭受虐待的孩童是不存在的，大部分的孩子都會包庇自己的父母。小孩會認為，父母對自己施暴是因為自己做錯了事情，所以並不是虐待。甚至連自己差點就要被殺死，也還是會保護父母。無論發生什麼事，小孩總是會為自己的父母親說話。不管遭遇什麼樣的對待，也無法厭惡父母。如果逼不得已非得要討厭父母的話，乾脆選擇討厭自己吧，這就是為人子女。

我從學校回家後，屋子裡傳來媽媽和同居男友撒嬌的聲音。那是和「噁心、醜死了、去死吧」的罵聲截然不同的語調。我感到無法待在這個空間，只能安靜地從冰箱拿出食物開始吃。

這個時候的我，已經變得比在兒童機構時更肥胖了。我沒事就會打開冰箱，開始狂吃東西。

只要看到冰箱堆滿很多食物，就能夠帶給我安心感。如果冰箱裡放著許多我可以吃的食物，就代表著我可以繼續待在這個家。也彷彿在告訴我，我可以繼續活著。我每天打開好幾次冰箱，不停地將麵包、炸雞、馬鈴薯沙拉、叉燒、香腸塞進肚子裡。

那個時期，只有冰箱才是我和媽媽的聯繫，甚至可以說，冰箱就是我的媽媽。

進入青春期的我已經逐漸會開始反抗媽媽。從原先「為什麼媽媽要這樣對待我？」的悲哀情緒中，開始湧現出憤怒的情感。

孩子是無力反抗的。如果在家裡被雙親施暴的話，是無法逃到其他地方的。「我也是個活生生的人啊，不應該受到這樣的對待。」只要一這樣想，我就憤恨得不知道該怎麼辦才好。即使如此，無力的我還是沒辦法反抗媽媽。也許，有一天，我會因為莫名的瑣事被媽媽一個不小心就殺死吧。我每天都抱著彷彿誤入恐怖電影和戰爭電影之中的心情度日，然後，成為了國中生。

10 再度成為霸凌對象

「你還是死一死好了」這句話不停地追著我跑。漸漸地，我的腦中一直重複播放著「去死」兩個字，不管做什麼事，腦袋裡都有一個聲音在說「去死」。

我就讀的公立國中並不是學力指標高的學校，在東京都內應該也才排名於最後百分之二十五之內而已。但可能是為了彌補學力不足吧，學校在體育教學上投注非常多心力。體育出眾的學生會受到其他學生的景仰，老師也會特別照顧他們。學年主任甚至還會在上課時向大家訓話：「不管再怎麼會念書，不會運動的傢伙是沒有用的。」

在這種學校裡，我是屬於不擅長體育的那類學生。和運動比起來，我絕對更熱愛讀書，或是以成為小說家為目標寫文章。只有在讀書和寫文章時，我才能夠忘記一切。再加上國中時的我深受異位性皮膚炎困擾，身上到處都是結痂，上體育課對我來說簡直是一種折磨。只要一動關節，結痂就會裂開、流血。當時和現在不一樣，很少人有異位性皮膚炎的困擾，也幾乎沒有人知道這種症狀。因此，我只被大家當成「討厭活動身體的傢伙」。這樣的我，又再度遭遇嚴重的霸凌。

首先，光是我全身的皮膚疾病就讓同學覺得很噁心。「不要傳染給我！」「到底是多不愛乾淨才會變成那樣啊？」只要我一靠近同班同學，他們就會想要逃走。媽媽、姊姊和老師也都會說我很髒，根本已經成為全民公敵的狀態。

同班同學也漸漸開始對我展開攻擊，最初是將我當成眼中釘，緊接著攻擊方式愈來愈猖狂，嚴重程度簡直就和會出現在「霸凌自殺」新聞上的狀況沒兩樣。我覺得非得想辦法不可，就去找皮膚科醫生診斷，但那個時候異位性皮膚炎的治療還不發達，了解這種病症的醫生也很少。雖然醫生還是開了藥膏給我，可是藥的味道實在是太臭了，我又因此受到同學猛烈砲轟。下課時間在座位上看書時，會突然從背後被蓋上垃圾桶，然後好幾個人朝著我猛踢猛踹。女同學會說：「你的臭味造成大家困擾，可以不要來學校嗎？」而當我回答：「可是如果不塗藥就不會治好啊。」就會有好幾個女同學一起教訓我：「只要洗澡洗乾淨一點就可以了吧？」

就連老師和媽媽也都說「拜託洗澡洗乾淨一點」，於是我洗澡時都一股腦地猛搓身體，還特別使用殺菌力特強的肥皂。這樣激烈的洗澡方式，對異位性皮膚炎而滿是傷口的身體一點改善也沒有。結果，我渾身上下都在流血，只要一動膝蓋或手肘結痂就龜裂，不僅疼痛不已，連衣服上都沾滿自己的血。媽媽對我怒吼：「浴室都是你掉下來的結痂！」甩了我一巴掌，姊姊也開始抱怨不想和我使用同一間廁所。

雖然大家都罵我骯髒，但最激烈責罵我的，是我自己。當我從鏡子看見自己的全身時，都嫌惡地覺得自己怎麼會這麼醜、這麼髒。

我在家裡和學校累積了各種壓力，加上因為身體發癢失眠和成長期的脆弱精神狀態，我漸漸變得具有攻擊性。

對於造成我痛楚的媽媽，我開始會回擊她。當媽媽對我說「醜死了、髒死了」的時候，我就回嘴：「那妳來殺我啊！」

「妳之前不是差點就殺死過我嗎？如果要殺的話就來啊。但是抱歉啊，我是不會死的。在媽媽還沒打從心底對我道歉以前，我絕不會死。」

只有閱讀量不輸人的我，學會了把話語當成武器。過去我都被他人的話語弄得遍體鱗傷，卻也因此學會了可以用話語反擊，我開始為此感到興奮。

但是很多時候，做為武器的話語反而也傷害了我自己。

「你還是死一死好了」這句話不停地追著我跑。漸漸地，我的腦中一直重複播放著「去死」兩個字，不管做什麼事，腦袋裡都有一個聲音在說「去死」。媽媽的咒罵聲和同班同學的嘲笑聲也跟著在腦內迴盪，甩也甩不開。無論我怎麼做，那些聲音都不會停止。在這種狀態一直持續之下，我變得真心想要尋死了。

「死掉的話，就可以結束一切了。」

應該要怎麼死比較好？我開始思考這個問題。

11 高中輟學，然後離家出走

我全身失去了力氣，與其說是什麼都感覺不到，不如說，已經感覺自己的心再也不是自己的所有物了。

「如果繼續待在這裡，我會壞掉的。」

國中畢業的時候，父親經營的工廠倒閉，父親也從此不見蹤影。「工廠已經不在了……」雖然一想到這裡就有股寂寞的心情湧上，但當時的我的精神正處在最糟糕狀態，沒有任何多餘的心思可以感傷。奶奶則在工廠倒閉前就已經到了退休年齡而離開工廠，我和奶奶也失去了聯繫。

進入高中以後，我的精神狀態變得愈來愈差。

腦中成天冒出有人一直在監視我、對我口吐惡言的妄想，二十四小時從不間斷。自己腦袋產生出的幻想，遠比其他人施加的攻擊帶給我更強烈的苦痛。

然後在高中的時候，發生了一件讓我的人生徹底翻轉的事情。

那一天，我因為頭痛愈來愈嚴重，課上到一半就到保健室休息，也沒有上接下來的體育課。午休結束我回到教室後，幾個同班同學帶著不懷好意的笑容對著我說：

「你是翹課吧？」

「才不是。」我一說完，同學交互看了彼此的臉後笑了出來。

「老師覺得你是翹課喔，還說不要給你學分。」

看到我驚訝的表情，同學又嘲弄似地大笑起來。

我不曉得當時是哪裡出了問題，但那一刻，我的神經徹底斷裂了。

原本極度討厭暴力的我完全失控，不但打傷同學，還損毀教室。我一邊為自己竟然會因為短短一句話而抓狂感到不可思議，同時也無法抑制從體內源源流出的衝動。

我被警察給抓住，從此再也沒去過學校了。

為什麼我犯了罪？我不打算將精神不穩定當成藉口。做了壞事所以被警察帶走、接受刑罰，這是再理所當然不過的事情。我當然也受到了懲罰，學校命令我自主退學，因此我就退學了。

警察做筆錄時可能是察覺到我的發言太過奇怪，於是帶我去了精神科。精神科醫生診斷出我有「心因性反應」的疾病，是一種會引起幻聽、幻覺的暫時性心理疾病。

我被函送檢方偵辦，等待家事法庭後續的傳喚。

那個時候，我明白了一件事。

那就是，不管自己被傷害得多深，也絕對不能加害於他人。明明是這麼天經地義的道理，我卻因為自己不停受到傷害而忘記，只是一味地思考著要將我承受的痛苦反擊給他人。

但是，無論有什麼理由，犯了罪就是要被懲罰，沒有人會想了解犯罪者的心情。就算是可能會站在自己這邊的人，到頭來也會離自己而去。因此不是為了他人，是為了自己，絕對不能傷害別人。這是我在當時深深領悟到的切身之痛。

我始終以來都謹記著這個事實：當時的我確實有身為受害者的一面，同時卻也是個加害者。

從學校退學後，過了一個月。

我收到家事法庭的傳喚，和媽媽兩個人一起前往法庭。未滿十八歲的少年犯罪，必須經由家事法庭裁定該如何處置。

和保護官面談時，媽媽對著保護官開始譴責我的不是，將我的缺點和叛逆態度都拿出來批評一番。

「我已經管不動他了。」坐在我身旁的媽媽這樣說。

保護官是個年長的女性，她安靜地聽完媽媽的話之後，用相當嚴厲的語調斥責：「妳的家庭是個非常複雜奇怪的家庭。母親實在太差勁，小孩子太可憐了。」

媽媽沒料想到被責怪的會是自己，瞬間一臉怒容。

「妳說什麼？妳又懂什麼？」

雖然媽媽突然大吼，但保護官是家庭問題的專家，已經和各種類型的父母打過交道，就算媽媽氣勢洶洶地朝她怒吼，她還是一點也不動搖。雖然我一個字都沒提到媽媽虐待我的事情，但保護官好像已經看透一切了。

「請安靜！」保護官一聲喝止就讓媽媽閉上嘴，她接著要求媽媽改善生活態度和對孩子的態度。

媽媽也突然收起情緒，什麼話也不說，裝作聆聽保護官的教誨，開始擺出一副等待時間過去的樣子。

最後，我得到了「保護觀察」的處分。我可以在家裡照往常過生活，但有義務每個月向保護司報告近況。

媽媽從家事法庭出來後只對我丟下一句「我再也不想看到你的臉了」，攔下計程車，把我丟在原地獨自回家了。我身上連搭電車的錢也沒有，只能從遠在霞關的家事法庭走路回到位於下町的家。

回家的路上，我心想等一下要好好向媽媽道歉。

媽媽特地讓我念了高中，我卻念到一半就退學，不但浪費了一筆錢，還不得不去警察局和家事法庭，這都是我害的。對於自尊心很高的媽媽來說，被保護官斥責想必也讓她很痛苦吧。

我一回到家，媽媽和她店裡的常客已經聚在一起在等我了。他們每個人都是被美麗的母親所迷惑，可能也都各自懷抱著想趁機和媽媽交往的心思。媽媽綻放她受人景仰的光芒，讓常客都成了她的信徒。他們像是在審判女巫一樣，開始對我進行制裁。

「讓自己的母親遭受到這種對待，你到底在想什麼？」

「你不覺得很對不起媽媽嗎？」

「你這樣是在踐踏母親的心情啊！」

老實說，聽到這些指責，我心裡頭只充斥著「你們這些傢伙懂什麼？」的怒意。如果只有媽媽在的話，我就會順從地好好道歉的，我對於召集這些人過來的媽媽也感到相當憤怒。

我一個人沒辦法迎擊這麼多人，於是我開始思考有什麼深具破壞力的話可以回擊他們。但是，媽媽接下來說的話讓我受到強烈的打擊。

「你該不會對精神科醫生說了很多謊，讓醫生以為你生病了吧？其實你根本沒有生病吧？」

已經不行了。

我全身失去了力氣，與其說是什麼都感覺不到，不如說，已經感覺自己的心再也不是自己的所有物了。我的心好像被吸進了什麼都感受不到的黑暗之中。

「如果繼續待在這裡，我會壞掉的。」

腦中冒出如此念頭的我，當天晚上就偷走媽媽的錢，整理好行李，從家裡逃出去了。

12 我是豬

「我可以一個人生活下去！」
只是擁有自己的房間而已，我的內心就充滿了希望。

我離家出走後，很幸運地馬上就找到了工作。照理來說不能做這種事，但當時才十七歲的我謊稱自己十八歲，才得以在東京都內的某間肉品市場，以打工人員職位得到雇用。有一段時間，我就過著晚上流連於各處的三溫暖過夜、白天到市場工作的生活。

肉品市場沒有年輕的員工，大部分都是經由集體募工[4]從家鄉來到東京的中老年人。或許是難得見到年輕人的緣故，大家都很疼愛我。我一路以來在家中和學校頻繁遭受各種虐待，此刻終於得到解脫，我覺得自己彷彿來到了遼闊的新世界。

傍晚工作結束後，員工都會聚在公司內類似值班室的地方，一下班就馬上開始喝酒。我這樣的年輕小伙子幫他們斟酒時，大家就會很高興。

年紀比我大的員工們都會故意在我面前說黃色笑話，可能是覺得我慌張的樣子很有趣吧，大家只要看到我明明沒喝酒卻滿臉通紅，就會開心得一直拍手。

像這樣工作結束後的短暫時光，讓人感到非常自在，年長的同事們也經常請我吃晚餐。和他們相處時，我常常會回想起小時候最喜歡的工廠員工。

過了一段日子，有個同事決定回故鄉而必須搬離公寓，於是偷偷將房子轉租給我。這也是照理來說絕對不能做的事情，可是當時才十七歲的我如果想要在外頭租房子，也沒有其他辦法可行了。

公寓只有四張半榻榻米大小，沒有浴室，不過要是想洗澡的話，公司的浴室每天都可以免費使用。房間裡也早就布置好窗簾、棉被和電視等家具，真的是幫了我一個大忙。

「我可以一個人生活下去！」

只是擁有自己的房間而已，我的內心就充滿了希望。

4 集體募工：日本的一種就業型態。由於都市勞動人口不足，招募出身鄉下的年輕人集體前往大都市的中小企業、商店或工廠就職。

不知道現在還是不是這樣，但我當時的公司有很長的休息時間，對我來說簡直就是天賜的禮物，這樣一來我就可以趁休息時間盡情讀書。

不過，因為根本就不會有人在肉品市場這種地方看書，我在休息區就經常遭到其他員工調侃：「喔，文學青年！」或是明明平常只會買賽馬報紙的員工，卻總是很快就發現我手上拿的是新書。「上一本書已經看完啦？真不愧是文學青年！」很多員工經常會這樣和我搭話。

雖然令人開心，但當時還是小孩子的我也感到有些難為情，所以天氣好的時候，我就會在不太有人經過的豬舍前看書。

豬舍欄杆的另一頭，圈養著許多隔天就要變成肉的豬。那個時候，我已經不那麼胖了，但在長時間被同學和姊姊嘲笑是肥豬的生活下，一看到豬就油然而生一種奇妙的親近感。我有時還會闔上讀到一半的書本，靜靜地看著那些豬。

「雖然大家都說每個生命都是獨一無二的，但也有像這些豬一樣，是為了被人類吃掉而誕生的生命啊。」我開始恍惚地思考著這類事情。

「很多大人都將『要為自己感到驕傲』、『要相信自己的力量』這些話掛在嘴上，但確實也有像這些豬一樣，對於自己的出生徹底感受不到喜悅的存在。我也是其中一個。我是被排除於『生命是最貴重的禮物』這種大眾論調的存在。我和這些豬是一樣的。」

我看著豬舍裡的豬，腦袋裡只充斥著這些負面想法。

即使離開了家和學校，被媽媽和同學虐待的記憶還是會不時從我的腦海中復甦，讓我備受折磨。我三不五時都覺得耳邊彷彿傳來有人指著我大笑的聲音，或是叫我「去死」的喃喃細語。

大笑聲對我來說等同於恐怖的化身。在學校暴力對待我的同學，或是對我施以精神壓力的同學，他們都會朝著我哈哈大笑。讓我從高中退學的那個事件發生當下，我也是被他們的大笑聲給逼到極限，最後忍不住抓狂。

好想破壞所有物品，然後再自我毀滅……我全身上下被這樣的衝動所支配，臉頰開始發燙、身體止不住地顫抖，情緒變得狂暴凶惡。只要有人對著我嘲弄般地哈哈大笑，我就好像會變回當時的自己，真的很可怕。但是，我的腦海深處卻總是有個在嘲笑我的聲音，一直不停迴響。

這種時候，我唯一的救贖就是唱歌。與其說是唱歌，其實也只是用鼻子哼旋律而已。藉著哼一些自己喜歡的歌曲，原本躁動的心情就能夠慢慢平靜下來。在豬群面前，有個人類很投入地在唱歌，從旁人來看想必是極為異樣的光景吧，但因為聽眾只有豬，我還會大動作地搖擺雙手和身體，一邊放聲唱歌。

然後就在某一天，發生了讓我意想不到的事。

我在休息時間唱歌這件事似乎在員工間蔚為話題，我工作部門所屬的主管也耳聞了風聲。「雖然時間還有點久，但公司接下來要舉辦慰勞會，全體員工都會參加，到時候你可以唱首歌當餘興節目嗎？」主管向我提出了要求，接著對我微微一笑：「你不是很擅長唱歌嗎？」

主管自始至終都是抱著好意對我說的，然而我還是被恐懼籠罩，全身無法動彈，腦中反射性冒出「是不是打算要讓又醜又笨的我被大家指著臉嘲笑」的想法。我的臉上明顯展露出怒意，脹紅著臉回答：「不行。」當時我的反應沒有一絲害臊或難為情的情緒，一點也不可愛，是讓人感受非常差的拒絕方式。

激動的情緒漸漸平復後，我非常沮喪。「主管抱著好意提出邀約，為什麼我卻用這麼惹人嫌的態度回他呢？」明明在這裡已經沒有會攻擊自己的人了，對於自己沒辦法成為開朗的好青年，我深深地感到自責。

「我就是個不會被疼愛的傢伙。不管是誰，和我在一起都不會覺得快樂。所以我還是不要和其他人扯上關係。我當豬就夠了，在柵欄裡等死就好。」我腦中不停地思考著這些事。

我從媽媽身邊逃開了。我不為這件事感到後悔，也很慶幸自己逃走了。但是，即使遠離了母親和學校，那些深深刻入我體內的記憶依舊緊緊地糾纏著我，怎麼逃也逃不掉。

13 奶奶的臨終

「小泰真的一路以來辛苦了。」

奶奶突然對我這麼說。我眼前的視線瞬間被淚水給占據，不知道該怎麼反應才好。

不管我逃到哪裡，都沒有辦法讓自己的過去消失。

「過去」埋伏在各個地方，一逮到機會就跳出來對我出聲嘲笑：「看吧，你這種傢伙待在這個世界也沒什麼用啦。」我背負著一生無法抹滅的過去，忍受著痛苦的煎熬，每天前往市場工作。

有一天，我走在下班回家的路上，突然有個聲音從背後叫住我：

「這不是小泰嗎？」

我轉頭看向聲音來源，出現在我眼前的竟然是過去父親工廠的員工。他在年歲增長下頭髮都變得花白了，但確實就是小時候照顧過我的人沒錯。一股令人懷念的情緒湧上心頭，我忍不住提高音量，拍了拍對方的肩膀。雖然我馬上想起自己高中退學的事而感到沒臉見人，但對方朝我露出了與我小時候看過一模一樣的笑容。

他在工廠倒閉後仍和其他員工保持聯絡，於是就告訴了我大家的近況。

「奶奶過得還好嗎？」

聽到我這麼一問，他的表情瞬間蒙上了陰影。

據他所說，奶奶現在住院了，是癌症末期，已經沒剩下多少時間。「趁現在去探望她吧。」他對震驚不已的我說完，又告訴我奶奶所在的醫院。隔天，我立刻前往醫院。

奶奶整個人變得好小好小，身形幾乎只有我記憶中的三分之一大。她的手臂剩下骨頭和皮，臉頰也深深凹陷，像是頭蓋骨外面覆上一層皮膚而已。讓人忍不住驚愕地想，原來人類失去了肉就會變得這麼小。

「為什麼我這麼多年來都沒和奶奶見面呢？奶奶明明這麼照顧我，我怎麼會這麼無情？」我一這樣想，就忍不住想放聲大哭，但我不能讓自己在變成這樣的奶奶面前落淚。

「奶奶，對不起，我一直沒有來見妳。」我說完後，奶奶動了動小小的下巴，對我露出微笑。

「小泰長得好大了呢。」

奶奶的說話方式、呼喚「小泰」的聲音，就算身體變得好小，也還是我熟悉的奶奶。

我想讓奶奶明白自己現在過得很好，和她說了好多好多的話。我絕口不提痛苦難過的事情，只挑一些好笑的事情，刻意用逗人發笑的方式講給奶奶聽，試圖想把自己的事都說得有趣又好玩。但是不知道為什麼，我愈是想要搞笑，聽起來只是愈自虐而已。

「我現在在肉品市場工作，每天都看到好多豬。根本是豬在看豬嘛，或許有一天我會被人和豬搞混，當成肉宰掉呢，因為我整個人看起來就是隻豬嘛！」

奶奶完全沒有笑。

她骨瘦嶙峋的手摸著我的手，開口說：

「小泰小時候畫了好多圖畫書給我，還記得嗎？」

我沉默地點著頭。

「有一本故事出現了好人，也出現了壞人，但最後大家變成好朋友，過著幸福快樂的日子。奶奶最喜歡那本圖畫書了。」

我是想著奶奶會喜歡這樣的結局而畫的，但沒有說出口。

「小泰真的一路以來辛苦了。」

奶奶突然對我這麼說。我眼前的視線瞬間被淚水給占據，不知道該怎麼反應才好。

「小泰一定會得到幸福的，因為小泰很溫柔啊。」

奶奶看著我的臉，我忍不住焦慮了起來。如果奶奶再繼續說下去我一定會哭出來的，只能極力勉強自己勾起嘴角，硬擠出笑容問：「是這樣嗎？」

「奶奶有一件事情要拜託小泰。」奶奶沒有移開目光，始終凝視著我。「什麼事呢？只要是奶奶的要求我都會做！」我心裡頭這樣想，也望向奶奶的臉。她接著用堅定的語氣，對我說出一生難以忘懷的一句話：

「說『我不是豬。』」

我瞬間沒辦法發出聲音，話語全堵在喉嚨，一個字也說不出來。但是我沒辦法拒絕奶奶的要求，只好照著奶奶所說的做。

「我……不是豬……」我小小聲地說完，感覺整張臉變得通紅，眼淚下意識流了出來，身體忍不住開始顫抖。

「再說大聲一點。」

奶奶這樣說，我雖然想要更大聲，卻沒辦法好好發出聲音，我努力想要擠出聲音，反而從眼睛和鼻子先擠出了淚水。

「我不是豬！」我終於大聲說出了這句話，奶奶說了「謝謝小泰」，閉上眼睛睡著了。

我在那個時候終於明白了一件事。

我才不是豬。

這是好幾年來我一直想大聲說出來的一句話，甚至連自己都沒發現，原來我內心深處一直好想吶喊出這句話。這份連我自己都沒察覺的心思，奶奶卻早就明白了。

奶奶在幾天後陷入了昏迷，沒多久，奶奶就去了天堂。

那是奶奶送給我最後的禮物。

這個禮物在我心中引發了宇宙等級的大爆炸。

「我不是豬。」

短短的四個字在我的胸口點起亮光，我的宇宙也不再是無垠的黑暗。

從那天起，我開始考慮起未來的事。我開始認為自己可以決定未來、有資格選擇未來。我的過去雖然是一片黑暗，但已經不會再這樣下去了。我的未來一定不是黑暗的，只要不選擇會走向黑暗的路就可以，我轉而抱有這樣的念頭。

緊接著，我很快就下定決心，打算以取得考大學資格為目標開始認真讀書。工作休息時間翻閱的書也全都變成了參考書。其他員工好奇地看著這樣的我問：「怎麼開始念起書來啦？」我都回答他們：「為了想增加自己的選擇。」

之前回絕掉的慰勞會唱歌表演，我又重新向主管拜託：「還是請讓我唱歌吧！」主管不追究我當初差勁的拒絕態度，想辦法安排了讓我唱歌的節目。

我在慰勞會上卯足了全力表演。

我心想反正都要唱歌了，就打定主意要呈現讓大家發笑的表演，於是選了女子偶像團體的歌曲，邊揮舞手臂邊大聲熱唱。同事們都為我的歌唱大聲喝采、拍手叫好。

14 我交得到朋友嗎？

什麼才是「真實的自我」？
是形成我的東西嗎？那不就是我的過去嗎？

我得到大學入學考試的資格，開始接受大學的函授課程。可能很多人認為，函授就是可以不用前往學校的一種教學方式，但實際上還是必須經常去學校聽課。由於不像現在可以用網路授課，學生反而得更頻繁出席。特別是到了大學的暑假期間，會有專為函授學生開設的課程，每天都得去學校。上課的日子就沒辦法上班、也就不能賺錢，這帶給我很大的困擾。

為了邊上課邊賺取生活費，我必須尋找薪水更高的打工。最後，我找到了在碼頭搬運船上貨物的差事，開始勤奮地工作。

搬運貨物是很辛苦的工作，船上的貨物大多是冷凍花枝，凍成瓦楞紙箱大小的方形冰塊，集中在冷凍庫裡。冷凍庫裡面的溫度是負二十度，就算戴著厚重的手套，手指還是冷得幾乎無法動彈。我每天反覆將二十公斤重的冰塊拿出冷凍庫，再堆到木板上，如果不小心一個恍神，就可能會被冰磚壓到手指骨碎裂。從冷凍庫出來後，馬上要面對氣溫高達三十度的盛夏海面，溫差大得讓人忍不住暈眩，但如果動作稍有遲緩，就會被大聲怒罵。

以體力來說確實是很辛苦的工作，但這點辛勞對我來說甘之如飴。就算被很多人踢來踢去，也不會有人罵我「肥豬」、「不要過來」。工作只是單純辛苦而已，和在學校、家裡受到的痛苦比起來，出社會以後體會到的辛酸根本不算什麼。

我一邊工作一邊念書，過著忙碌的生活，一直以來總是獨自一人。我突然感覺，自己缺少了某種很重要的東西。我很快就察覺自己缺少的是什麼。

沒錯，就是朋友。

多虧了奶奶在離開這個世界前對我施展的魔法，我逐漸開始改變了。但是不管我怎麼轉變，如果沒有一個會對我說「你變了耶」的朋友，改變這件事也就沒有多大意義。甚至也對自己是不是真的變了感到懷疑，擔心著會不會有一天又回到原來的模樣。

路上那些和我差不多年紀的年輕人，每個人都和朋友開心地又說又笑。雖然明白自己沒辦法馬上就能像他們一樣，但我開始想要和他人一點一滴建立起可以互相打氣的情誼。

有一天，我拿到了一張傳單。

是學生音樂劇慈善公演在招募演員的傳單。贊助者是有名的企業，在東京都內的大劇場上演，演員將全部採用試鏡入選的學生。

「雖然說是招募學生，但一定是唱歌和跳舞很專業的人才能夠演出吧。」我內心這樣想，卻也捨不得扔掉那張傳單。我反覆拿起傳單端詳，開始思索：「如果只是人群中一個小小的配角，我說不定也能勝任。」

我經常回想起自己在慰勞會上的唱歌表演，所有人都拍著手，稱讚我「唱得真好」。就算那些在酒精助興下的讚美不能完全相信，但至少我認為我唱得不算差勁吧。

「如果能夠參加音樂劇演出的話，我說不定就能交到同年紀的朋友了。」

我沒有考慮太多，決定參加演員招募。

報名後過了幾個星期，終於到了試鏡的日子。徵選規模比想像中還要正式，每個製作人的眼睛都投射出犀利的光輝。我在他們面前唱歌時不但緊張得聲音都在顫抖，唱出來的也是不適合自己的音高，整個試鏡過程徹底失敗。

「我絕對會落選的，百分之百會落選。」

然而，奇蹟發生在被絕望重擊的我身上。我竟然通過試鏡了。

「只要努力也是做得到的！」我滿心喜悅，開始參加音樂劇的排演。但是這股喜悅沒持續太久，讓我陷入苦惱的日子來臨了。

「你明明不是不會唱歌，卻都沒用自己的聲音在唱。」發聲訓練的老師對我百般責難：「成員裡也有歌唱得不好的人，但大家都好好地用自己的聲音在唱歌。和他們比起來，你發出的聲音簡直就像是刻意做出來的，你以為用隱藏真實自我的聲音唱出來的歌，可以讓觀眾感動嗎？不要小看唱歌了！」

即使在大家面前被這樣指責，我還是搞不懂問題在哪裡。我明明就是用自己的方式在努力唱歌，卻被說是「隱藏了真實的自我」、「要發出真正的聲音」，讓我完全摸不著頭緒。

什麼才是「真實的自我」？

是形成我的東西嗎？那不就是我的過去嗎？但就算將我的過去攤在大家面前，也只會造成困擾而已。一定會有人覺得我很噁心而撇開目光，或是假裝理解、隨口安慰，甚至可能會有人責備我也說不定。要是我向大家攤開真實的自己，最終也只會愈來愈受到孤立罷了。

參加音樂劇演出的學生很快就彼此打成一片，開始散發出「伙伴」的氣氛。但是，我卻做不到一樣的事。我完全不知道該怎麼做才能和大家打成一片。不管我做什麼舉動、說什麼話都顯得奇怪、多餘，總之就是沒辦法自然而然做出普通的行為。

「這可能和我沒有展現真實的自我有關係吧。」我開始煩惱了起來。

我明明是想要交朋友才參加音樂劇的，卻根本無法融入大家。不管做什麼事都覺得自己像個異類。劇團成員開朗談笑的身影好耀眼、好燦爛，我卻連靠近他們都做不到。

15 惡魔般的偶像

君津對待我就像朋友一樣，或許是覺得和我打好交情的話，對戲時就能比較容易進入狀況吧。

但是，我卻無法坦率地接受他的好意。

劇團的成員之中，有個名叫君津的男學生特別受到大家歡迎。

君津有著不輸偶像的俊俏長相，無論男生還是女生看到他都會盛讚「好可愛」。他對大家態度很好，發言時像個優等生，渾身上下充滿受歡迎的特質。

君津總是被眾人包圍，沐浴在明亮的笑聲之中，甚至會讓人有種錯覺，好像只有君津的四周聚滿了光芒。

君津是個從各方面來說都給人好感的類型，甚至偶爾還會向我搭話問候：「最近還好嗎？」但是，我反而覺得他有點詭異。

「這種讓大家都喜歡的傢伙，一定藏有不為人知的另一面。」

身為受歡迎母親的兒子，我早就看透這種人的內心了。因此，君津彷彿散發光輝的態度，在我看來只覺得相當可疑。

君津的事情先放在一邊，我更著急的是，如果再不解決自己的發聲問題，說不定會被劇團辭退，這樣一來，就不能參加音樂劇演出了。即使我反覆練習唱歌，也完全不知道怎麼做才是正確的。我對沒辦法進入狀況的自己感到萬分焦慮。

接著有一天，發生了一件晴天霹靂的事情。

那天是分配角色的日子，主角「煩惱的青年」宣布讓君津擔綱演出。每個人看起來都接受這樣的結果，紛紛點頭：「果然是這樣。」「好適合他！」沒想到下一刻，一顆震撼彈投在我和全體成員的面前。第二主角「引導煩惱青年成長的老伯伯」竟然是選出了我來飾演。所有共演者一陣譁然，我的身體徹底變得僵直。

如果說不開心是假的，但同時我的內心也擔憂著，接下來可能就要承受更加嚴苛的訓練。

分配完角色後，我們的基礎練習也告一段落，正式進入舞台排演。

正如同我恐懼的一樣，製作人每天都對我大發脾氣。雖然我已經盡力試著展現出「真實的自我」在唱歌了，但我的努力沒有得到一絲回饋。

「你的歌聲充滿負面能量，從你口中唱出來的歌聽起來都是怨恨的曲調。不是和你說了，這個角色不能這樣唱歌嗎？」

隱藏真實的自我被說造作，展現出真實自我後又被說聽起來充滿怨恨，在這樣的狀況下，我真的快要哭出來了。

在製作人每天對我生氣的同時，我和其他演員的相處也頻頻出狀況。大家都熱心給我建議，但每個人提出各種不同的意見，反而讓我更加混亂，每次到了排戲時，就變成渾身動彈不得的狀態。

另一方面，我和劇中經常有對手戲的君津距離極速縮短。像是舞台的走位、彼此演戲的節奏、動作和說台詞的時機等等，如果沒有事先配合好彼此的動作，就不能演戲。

君津對待我就像朋友一樣，或許是覺得和我打好交情的話，對戲時就能比較容易進入狀況吧。他展露出偶像般的笑容，經常找我說話。但是，我卻無法坦率地接受他的好意。

「這個做作的傢伙，沒多久就會露出本性了。」心中抱著這個想法的我，始終以冷淡的態度回應君津的善意。

某天排練結束後，君津像往常一樣被眾人包圍，大家熱烈討論著等一下一起去吃晚餐。這時君津毫無顧忌地來到準備馬上回家的我身邊，用充滿朝氣的表情問：「阿歌也一起去吧。」

「我明天還要早起做搬貨的工作，不能去吃飯。」我冷冷地說完後，君津就趁其他人沒察覺時，對我露出惡魔般的笑容。那是和平常的偶像笑容截然不同、讓人渾身豎起寒毛的陰險表情。他終於漸漸暴露出真面目了。

「這樣啊，好窮好棒喔。」

把別人的辛勞說成很棒的事，這個人腦袋到底裝了什麼？我的聲音忍不住激動了起來：

「我和你們可不一樣，我不工作就沒飯吃。」我想表達自己和沒受過苦的你們是不同次元的，因此刻意這樣說。君津聽完，露出牙齒一笑。

「好好工作吧。窮人就好好工作吧！」君津小小聲地在我耳邊說，我驚訝地睜圓了眼睛。

「真是讓人意想不到呢。本來我就篤定你一定藏有另一面，但沒想到你是這麼陰險的傢伙。果然你這傢伙是魔界來的吧！」我向君津回嘴，他反而呵呵笑了起來。

「真是遲鈍的妖怪啊。」

「你說誰是妖怪？」我忍不住大聲叫了出來：「你這個造作男！贗品！假東西！」明明自己才因為被說造作而煩惱不已，卻對君津說出相同的話。

但是君津完全沒有被我的話給擊倒，他露出「那又怎樣？」的笑容說：

「假花是不會枯的。」

他竟然能瞬間說出這種話回擊，真是了不起的才能，我忍不住佩服起他來了。這傢伙真不簡單，而我因為一時愣住，錯失了回嘴的時機。

從此之後，我和君津就變成了在大家面前看起來感情不錯、一旦兩人獨處時就會互罵「笨蛋」、「醜八怪」的冤家關係。

君津常常會模仿我被製作人否定的唱歌方式，而且表現得極為誇張，故意唱得很可笑又滑稽。他的神情學得太到位，讓我很惱火。雖然生氣，但我還是忍不住笑了出來。我也不服輸，於是誇大地模仿起君津在大家面前做作的樣子。

君津看到我的模仿就一陣爆笑，笑得不可自拔。他一笑完就對我展開攻擊，伸手拍打我的臉頰，我也不甘示弱拍回去迎戰，兩個人展開一場大亂鬥。

但是，怎麼會這樣呢？我們胡亂打來打去的同時，也都互相大聲爆笑出來。

16 告別傷痕

該怎麼做，才能從「造作」和「歌聲中有恨意」的夾縫之中掙脫出來？

我和君津對戲愈來愈合拍的同時，另一方面，製作人仍舊對我的歌聲充滿恨意而經常大發雷霆。試著唱出不帶有怨恨的歌聲時就會被說是「做作的聲音」，用真正的聲音唱出來時就會被說「聽起來帶有恨意」，在這樣的兩難下我感受到巨大的壓力。不管用什麼方式唱歌，都只會被指責「不是那樣、不是那樣」，我沮喪到眼淚都要掉出來了。

「我也想說『不是這樣』啊！我也想說我長大的環境、我的命運才不是現在這樣啊！」當我一這樣想，就真的快要哭了出來。我眺望著工作結束後的碼頭，憤恨地緊緊咬住下唇。

「醜八怪、沒出息、豬！」我遭受這些辱罵、一路走來的過去是不是成為了我的絆腳石？我的人生，是不是非得繼續背負著這些絆腳石不可？這些想法一跑進我的腦海，我就開始厭惡起自己來。

接著是幾天後發生的事。某天音樂劇排練結束後，君津叫住了我：「明天是星期六，你不用上班吧？等一下來我家吧。」君津是開車來的，他讓我坐上副駕駛座，載我去了他家。

一抵達君津的家，我發現他家竟然是建在高級住宅區的豪宅，不禁嚇了一跳。沒錯，君津是有錢人家的兒子。我戰戰兢兢走進鋪著高級地毯的客廳，緊張地坐在皮革沙發上，君津端了茶和點心過來。

「這是我家人都很喜歡的迷你點心派，很好吃喔，你吃吃看。」君津說完，就離開了客廳。我心想他怎麼就丟下了我一個人，內心感到有點奇妙，拿了一個點心派送進嘴裡。

事實上，這是君津為了嚇唬我而設的一個陷阱。

我等待著遲遲不回來的君津，一邊吃著點心派，這時候，回到客廳的君津突然指著我「啊啊啊啊！」大叫一聲，接著大聲地問：「阿歌！你吃掉點心派了嗎？」

緊接著，君津的爸爸、媽媽和姊姊一個接一個走進客廳，交頭接耳地說：「點心派被吃掉了嗎？」「真的，少了一個呢！」「真的吃掉了呢。」我被君津的家人團團包圍，整張臉失去血色。客廳的氣氛瞬間一變，好像我做了不該做的事一樣。

「咦，這個不能吃嗎……」

我一臉慘白地說完，君津一家人就大笑了起來。原來，這是君津一家人為了看我慌張的樣子而演的一齣戲。君津就是為了整我，才找我來他家的。

君津和家人提到「劇團裡有個很好逗弄的傢伙在」，說了我的事情後，他的家人就提議「不然就找來那個人，大家一起整他吧！」於是才一起策畫出這個計謀。這是怎麼樣的一家人啊？不只是兒子，全家上下都很壞心。我忍不住生起氣來，結果看到憤怒的我，君津一家人更開心了。

但我因為一進門就被惡作劇嚇得幾乎暈過去，緊張感反而都消失了。之後我和君津開始聊天談笑，突然我腦中閃過一個念頭，我打算向君津坦白自己的煩惱。

「雖然難得被選為了第二男主角，但我可能沒辦法演出這個角色……」我一切入這個話題，君津就朝我冷言諷刺說：「放心啦，只要有你的劣根性和肥肚子的話就沒問題啦。」我們又互相甩起巴掌較勁，過了一段時間，打架打膩了的君津終於開始認真聽我說話。

我將小時候是怎麼被養育長大、當時內心所受的傷和怨恨成為今日絆腳石的煩惱，都一一向君津坦白。

該怎麼做，才能從「造作」和「歌聲中有恨意」的夾縫之中掙脫出來？

君津看起來是個從小到大不曾有過這種遭遇的人，他會說出怎麼樣的話來呢？我安靜地等待君津的反應。

說不定他會吐出惡魔般狠毒的話語也說不定，我的緊張得心臟愈跳愈快。

原本始終低著頭聆聽我說話的君津，終於抬起頭說：

「你說你展露了最原本的自己，結果唱的歌聲中有怨恨，這聽起來很奇怪呢。怨恨自己母親的阿歌，是真正的阿歌嗎？總覺得不是這樣啊。我一直覺得，在阿歌的心裡更深處，還有個真真正正的阿歌。」

至今為止，從來沒有人和我說過這些話。

君津的話，讓我得到一個非常大的發現。

從以前到現在，我回顧自己的過去時都只會想起痛苦的往事。被母親傷害的回憶、被同學傷害的回憶、厭惡醜陋自己的回憶……我一直認為，只有活在那些過去裡的自己才是自己。但是，不是那樣的，我還有很多痛苦以外的回憶。在奶奶和工廠員工疼愛照顧下的自己，明明也同樣深深刻在了我的記憶裡。君津的一番話，讓我留意到了這件事。

「阿歌，來唱首歌吧。」君津坐在客廳的鋼琴前，擺上樂譜，開始彈奏音樂。

「等一下，我不能在這裡唱歌啦。你的家人會聽到的。」

看到我困擾的樣子，君津展露出偶像般的笑容對我說：

「你以為像我家這樣的房子，不會在放鋼琴的地方做好隔音設備嗎？」

我懷抱著緊張的心情，在君津的伴奏下開始唱歌。

我唱著歌，同時也想起了奶奶。

我畫圖畫本給奶奶的回憶。

圖畫本受到稱讚、讓我好開心的回憶。

寫信給奶奶的回憶。

在兒童機構所在的山裡找到稀奇的東西後，就想馬上和奶奶分享的那份心情。

我抱著這股心情發出歌聲，不知怎麼地，我感覺自己發出了與過去截然不同的聲音。

我一邊唱著歌一邊思考。

我內心的傷痕確實是存在的，無論如何都無法將它抹滅。

但是，執著於傷痕、擁抱著自己的傷無法放手，一路這樣活過來的自己也確實存在。只要一覺得活得很累，就全都怪罪到過去的傷口，所以我才一直無法放下。再這樣下去的話，是沒辦法從過去畢業，也無法自由自在地生活吧。

腦中轉著這些思緒唱著歌時，我的歌聲愈來愈激動，最後演變成放聲高歌。

不知不覺問，我唱出了充滿積極能量的歌聲。

突然間，我感覺到背後似乎有人，轉頭一看，君津的爸爸和媽媽就站在我身後吃吃笑著。他們到底是從什麼時候開始站在那裡聽的？我嚇了一大跳，忍不住仰頭跌倒。

「哇啊啊啊！」我大叫出聲，君津和他的父母就再度笑了出來。

沒錯，這也是陷阱。到底是多麼恐怖的一家人啊！

「你不是說有隔音設備嗎！」我忍不住大聲問，君津吐了吐舌頭說：「騙你的啦！」

這傢伙真的是……我一句話也說不出來。

君津接著又向媽媽說：「特地來我們家玩卻不請吃飯的話，阿歌會生氣的。」

「我才沒說過那種話！」我鐵青著臉澄清，但君津的媽媽笑著說：「哎呀，抱歉我沒注意到。沒請吃飯而生氣也是當然的嘛。」

「我就說我沒生氣！」無論我多麼生氣地抗議，他們一個字也沒聽進去。

「你們就拿這個去吃想吃的吧。」君津的媽媽說完，遞給了他信用卡。「太好了！這樣的話，我們就去吃豪華又美味的東西吧！」我還愣在原地，君津就闔上鋼琴蓋，臉上展露出惡魔的笑容歡呼，迫不及待地做出門的準備了。

「君津，謝謝你。總有一天我會要你好看。」我在心裡悄悄地說。

到了音樂劇公演當天。

我止不住緊張的情緒，看著自己完妝後倒映在鏡子裡的臉。布幕一拉開，我就要在數千名的觀眾面前，展露出真正的自己了。我完全無法想像觀眾將會如何看待我，現在，唯一能做的事只剩下祈禱。

「請把我的臉化得爽朗又豔麗，再加上凜然的氣息，但不失可愛的感覺。」君津向化妝師提出了近乎無理的要求，自戀性格展露無遺。看到他這樣，我也稍微能夠冷靜下來了。

其他學生的母親不停來來去去，送慰勞品來後台，大家臉上都流露出對自己小孩站上舞台的擔心，以及難以遮掩的期待和喜悅。當然，沒有半個人來找我。

「但是，沒關係。」

我可以盡情展現自己了，我已經找到了「真實的自我」，這樣就足夠了。「我參加了這齣舞台劇後得到了改變。雖然可能只是微小的轉變，但我確實變了。」我這樣想。

開演三十分鐘前，肉品市場的職員們出現在後台。明明是一群天剛黑就喝得爛醉的大叔們，卻買了花束來慶祝我演出，讓我嚇了一跳。

「我們會在底下為你加油的，拚了啊！」「自從集體募工來到東京，俺還是第一次來澀谷咧！」「你小伙子很緊張啊，放輕鬆一點啊！」大叔們來自全國各地，大家都操著不同的口音，這種感覺也很像我小時候最喜歡的工廠員工，讓我感到很親切。

終於到了開演前一刻，我和君津站在等著拉開布幕的舞台上做好準備。君津看著打扮成老伯伯的我說：「你真適合演老頭子。」我不服輸地向他回嘴：「你妝好濃。」

「那麼，加油啦。」

「不要命令我。」

就在我們互相拌嘴時，舞台燈光照下來，開場的鈴聲也響起了。

黑暗無聲的舞台上，我在心裡默默地說：「奶奶，我交到了朋友喔。」

布幕一拉開，觀眾就開始聆聽我投注心力唱出來的歌聲。一曲唱完後，他們給了我熱烈的掌聲。雖然由自己來說有點奇怪，但這不是說謊，我們的舞台劇得到了很高的評價。

學生公益音樂劇換了各種不同的腳本，總共演出了好幾場，我們也吸引到許多每次演出都會前來觀賞的劇迷。我和君津在就職之前，一直持續參與演出。

第二次公演之後，我除了演出之外，也開始身兼撰寫腳本的工作。君津擅自拿了我嘗試寫出來的腳本給製作人看後，製作人對我說：「你很能寫東西呢。雖然多少還需要修改，但就用這個腳本編排公演吧。」

我聽了製作人的指示，開始全心投注在修改腳本上。不管是搬運工作的休息時間，還是通勤回家的電車上，就連吃飯的時候也都一直、一直地寫。寫腳本的時候，我將一切事情拋在腦後，只專注在眼前的文字上。

我從來沒想過，自己寫的東西有一天能夠得到他人的評價，我的心情就彷彿是眼前照下了一道光芒。我想要寫更多更多東西，一直無止境地寫下去。以這件事為契機，我為學生音樂劇寫出了許多的劇本。

17 我能夠出社會嗎？

現實不會讓人這麼如意。
還有許多試驗在等著我。

多虧了奶奶，也多虧了君津，我開始對活著這件事抱持希望。不但如此，也有觀眾說我寫的劇本很令他感動，一切都帶給我很大的鼓舞。

然後，我二十二歲了。

我能夠出社會嗎？能夠成為獨當一面的社會人士嗎？我完全沒有把握。但為了活下去，我不能迷惘，只能拚命往前衝撞。

雖然有很多的不安，但最後我找到據說是一流知名企業的工作。雖然這麼說，但當時是所謂泡沫經濟的時代，不管哪個企業都死命地在徵新進員工入社，所以不是特別優秀的我也能僥倖進入一流企業。我一開始是以打工的身分進公司，由於公司拚命在招募大學剛畢業的男性員工，便直截了當地問我要不要轉成為正職人員，我也就感激地接受了。

至今為止只做過肉體勞動的我穿上西裝、每天通勤於辦公大樓林立區的超高大廈工作，對此，我始終覺得沒有真實感。擁有自己的辦公桌、印了自己的名片、取得職員身分證和保險証明，對我來說也像做夢一樣。「可以到一流企業上班，好厲害啊！」音樂劇的伙伴這樣說時，我就有種自己也成為一流人才的錯覺，整個人變得輕飄飄。

但是，現實不會讓人這麼如意。

還有許多試驗在等著我。

和我同期入社的員工，除了我以外，大家都是畢業於國立大學或有名私立大學的未來菁英。他們各自從學長手中承接到一流企業的客戶，取得了以銷售員來說相當有利的出發點。相反地，我拿到的是被要求開發新客戶這種泥淖般的工作。我必須從零開始、一間一間打電話給東京都內的中小企業，反覆詢問：「請問您能撥出時間，聽一聽敝社的產品介紹嗎？」

通常這種推銷電話只會造成對方困擾，打電話的人也總是被拒於千里之外。就算再怎麼努力，幾乎都只會得到「不用了」的回答，然後被掛上電話。我必須反覆進行這些工作以達到每月的銷售目標，但別說是銷售出產品了，對方就連聽我說話都不願意。

我的銷售成績離目標還有一大段距離，如果連續好幾個月都這麼慘淡的話，或許會被裁員也說不定。

「要是被裁員的話，可能就不會再有一流企業雇用我了吧。」

一這樣想，我就感到焦慮不安。雖然很想找君津傾訴煩惱，但這個時候的他已經考上了日本規模最大的音樂劇團徵選，現在是劇團的研修生，每天努力接受嚴格的訓練。在他這麼忙碌的時候，我不可能逼他聽我無聊的牢騷。該怎麼做才能找到突破點呢？我陷入了煩惱。

然後有一天，發生了一件事。為同期入社職員舉辦的研習會結束後，大家決定一起去吃飯。一群人前往居酒屋、拿起啤酒乾杯，邊吃料理邊談笑。

大家開始說起自己工作的近況，每個人都和一流企業的客戶建立起關係、十分活躍的樣子，相較之下，沒有長進的我能分享的事情和大家有巨大的落差。其他人說的是如何配合客戶的企業戰略賣出商品，我卻只能說自己一個勁地打電話、被掛電話的事。大家聽了也只是露出無奈的表情，我一開始說話，就很快被切到其他話題。

「果然，大家對我看不出成效的工作一點興趣也沒有。」我這樣想也束手無策，決定就乖乖當聆聽大家說話的對象。

過了一會，其中一個人問起我：「阿歌，你不吃薯條和炸雞嗎？」

「啊，因為我是易胖體質，以前超級胖的，而且還有異位性皮膚炎的毛病。不吃脂肪和有過多添加物的食物之後，兩個問題都獲得了改善。」

我說完之後，大家就興致勃勃地繼續追問：是花了多久時間瘦下來的？吃什麼比較好，不吃什麼比較好？各種問題向我投來，結果餐會最後簡直變成了我的減肥講座。

這件事讓我得到了啟發。

如果是別人不想聽的事情，不管用多有禮貌的口氣，對方也聽不下去，無論態度多麼堅持，對方也不會想聽。但要是聽到自己感興趣的話題，就會眼睛一亮開始專注聆聽。

「這樣啊，那我只要說客戶想聽的話就好了嘛。」

我靈光一閃開始擬定策略，實行銷售大作戰。

首先，我將使用我們公司商品後業績成長的公司案例整理出來。我抓住公司的前輩，詢問他們負責的企業是如何增加業績、訪問他們特別著重的地方，再一一整理成報告。這對於剛入社不久的我來說，不是一件簡單的事，但因為我很喜歡寫文章，也就不覺得辛苦，反而很投入地寫這份報告。

我完成了好幾份報告，下一步就是帶著報告去找上司。「這些報告我想作為開發新客戶使用，希望能幫我取得各間公司的許可。」我提出請求，上司雖然一臉驚訝，但很快就開始動作。客戶公司的負責人以必須修改一些地方為前提，允許我使用他們的資料，我的案例報告整理就這樣完成了。

為了想增加更多案例，我繼續做訪問，同時也陸續將完成的報告印出來，郵寄給我至今為止打過電話的所有公司。

「希望他們在扔掉之前，至少可以讀一下內容。」

我抱著祈禱般的心情寄出的報告，得到了超乎我預料的巨大迴響。當時還沒有網路，想要知道別家公司成功的案例不是件容易的事，以至於客戶公司收到報告後都很感興趣的樣子。

原本打電話過去總迅速被掛斷的幾間公司，都開始來找我們洽談。我立刻前往對方公司登門造訪、介紹公司的產品和成功案例，沒多久就達成了幾筆交易。我高興得簡直要飛上了天。

但是，不能高興過了頭。

「成交數量確實比起以前多了一些，但是只有這樣的話，還是沒辦法達成目標，該怎麼辦才好呢？」

就在我煩惱業績增加得不夠多時，向我們訂購過產品的公司負責人捎來一通電話：

「歌川先生製作的案例報告很優秀，我們公司的職員從中學到很多。我打算找來所有分公司、關聯公司、合作公司的負責人，請問您有意願到我們公司來舉辦一場案例研討會嗎？」當然，我馬上向對方回答：「請讓我參與。」

我在聚集五十間以上公司的研討會擔任講師後，來自那些公司的訂單也如雪片般飛來，我一口氣就達成了目標業績。

不只這樣，在那之後我就開始主講由公司主辦的研討會。我打算建立起就算不用打電話到一間間公司、對方也會主動來聽我說話的運作方式。主管邀請了出版過數本商業書籍的知名演講者當客座講師，結果吸引了多到連會場都塞不下的參加人數。參加研討會的公司負責人向我們公司下了數量驚人的訂單。

客戶漸漸視我為「詳細了解各公司實際案例的人」，客戶的公司發生問題時，我就會聆聽他們的諮詢，一起思考解決辦法。如果能夠使用我們公司產品解決的話，我就會向他們提案。

漸漸地，我銷售出去的營業額愈來愈高，成為公司頂尖的銷售員之一。我以明星社員的身分，得到了公司許多授獎肯定。

18 遇見無可取代的朋友

「大將告訴我傷疤的事情了。」加奈對著我說：「阿歌，你當我們家的小孩吧。」

那一天的大海真的好美。

進入公司幾年後，我也有了後輩，當時我是公司的超級銷售員之一，因此後輩之中也出現了一些人對我投以憧憬的眼光。

「可以不要崇拜我嗎？」我當時打從心底這麼想。那個時候的我瘋狂地投入工作，像騎著不繼續踩踏板就會摔倒的腳踏車般，已經成了不工作就會整個人崩塌的工作中毒狀態。

我做為銷售員必須達成的目標銷售額愈來愈高，為了賣出更多商品，也得不停拓寬人脈。我為了讓公司其他部門的同事介紹客戶給我，幾乎每天都要跑到各個地方參加應酬，像搞笑藝人一般，在酒會上表演唱歌或模仿秀。

我為了讓大家發笑，儲備很多有趣的話題，將自己營造成瀟灑風趣、善於社交的形象，酒席散會後再回到公司繼續工作，甚至直接睡在公司也不是什麼稀奇的事。

我只要不工作就會感到不安。如果不拚命努力、連續達成目標營業額的話，好像就會被大家捨棄、變回原本孤獨的自己，或是被蓋上社會人士失格的烙印，我一直抱著這樣的恐懼度日。

在持續被工作追殺的日復一日中，有一天我突然接到來自君津的電話。

「要不要來我家這邊喝個酒？好久沒聊聊了。」

我和君津已經好一段時間沒見面了，他也難得特地打電話來邀約。雖然對我來說要把自己從對工作的執著中抽出來不是件簡單的事，但我還是傍晚就離開公司，搭上電車，前往君津家所在的鎮上。久違地感受到君津的毒舌攻勢讓我開心不已，兩人喝完第一攤後搖搖晃晃地走在街上，準備繼續前往下一間店。

「阿歌！」這時候，一個女生的聲音叫住我，我疑惑著是誰，轉過頭一看，是公司的女同事。她是公司裡很受同事喜愛的女孩，有著爽朗的個性，大家都叫她「小加奈」。加奈身旁站著她的男朋友，他們和君津就住在同一個鎮上。「四個人一起喝一杯吧！」加奈提議，於是我們就在附近找了間居酒屋續攤。

加奈的男朋友叫做大將，身高很高，體格相當健壯，是個典型的運動青年，一問之下才知道他曾是手球選手，甚至參加過國民體育大會[5]。大將是個像直射陽光般開朗的青年，是那種我很想接近、但因為太過耀眼而至今都靠近不了的類型。

我們四個人圍坐在居酒屋的桌子前，一開始我還有些緊張，但開朗的大將和加奈聽到我說的話就哈哈大笑。我滿心想博得好青年大將的好感，使出渾身解數說笑話，全力想逗他們發笑。

5 國民體育大會：日本每年度舉行的全國性運動競技大會，以各都道府縣為單位，男子組優勝的縣市可獲得天皇杯、女子組優勝可獲得皇后杯的殊榮。

大將似乎是覺得和我聊天相當愉快，跟我說：「明天不用上班吧？來我家住一晚吧！」即使到了末班車要開走的時間也不放我回家。我本來打算假日也要在家裡工作而有點猶豫，但更覺得讓快樂的時光就這樣結束很可惜，於是決定到初次見面的大將家留宿。

隔天早上我睜開眼睛，大將就睡在旁邊。

他是和我這種人徹底無緣的類型，也想必是受到大家喜愛和歡迎的人物。這樣一個人，竟然輕易接納了我，這是十幾歲時的自己不管怎麼向上天祈求都無法實現的事。我感動不已，胸口溢滿了激動的情緒。

從那之後，我和大將、加奈就經常相約一起遊玩。大將和加奈每個星期都會邀我，到了週末就一起出門。大將很喜歡開車，是和我完全相反的戶外派，我們一起去吃美食、去主題樂園玩，度過相當快樂的時光。一段時間後，和加奈感情不錯的同事也加了進來，演變成一群人相約一起去烤肉、放煙火的遊玩行程。

如果要說我擁有什麼可稱得上是青春時代的日子，我想就是這段時期。雖然是遲來了許久的青春時代，但連這樣的我也終於迎來了光輝燦爛的季節。大家一起烤肉的照片、打保齡球的照片、為我慶祝生日的照片……這樣的照片愈來愈多，我時不時就會拿起來端詳。我很清楚，這是自己多麼夢寐以求的照片啊！我十幾歲時得不到的事物，大將和加奈一個接一個地為我帶來了。

大將和加奈帶給我的東西，不止有這些而已，他們兩人還為我撫平了過去的傷痛。

那是發生在我、大將、加奈三個人一起溫泉旅行時的事。

大將找我一起去泡澡，但我非常抗拒在他人面前脫下衣服。尤其在像大將這樣肌肉健美的運動青年面前，我更是絕對不想露出自己的裸體。我全身上下都殘留著著受虐後的傷痕和皮膚疾病留下來的瘡疤，到現在看過我身體的人，都會露出極力壓抑疑惑的表情。每次看到那種表情，我的心就一陣刺痛。我也痛恨這麼麻煩的自己。

「過來啦。」大將說完拉著我的手，帶我到大浴場。

看到我的裸體暴露在戶外澡堂的大將，臉上瞬間浮現出理解為什麼我會這麼抗拒的表情。他會和我說什麼？還是什麼都不說呢？我緊張地吞了吞口水，等待大將的反應。

「在我面前不用覺得丟臉了。」

大將這樣說。當時他的聲音、他的表情，都以超高解析度刻畫在我的心中，不管經過多久時間都不會褪色。原來，「不會褪色」這個詞是真實存在的。

在旅館開心喝完酒的隔天，我們三個人一起去看了海。

加奈瞇起眼睛，望向海面上微波粼粼的光芒。

「大將告訴我傷疤的事情了。」加奈對著我說：「阿歌，你當我們家的小孩吧。」

那一天的大海真的好美。

天空因為晴朗，看起來好高，深藍色的天空倒映在海面上。

波浪閃閃發光，好像鑽石一樣。

「上一次覺得海很漂亮，是什麼時候的事了？」我搜尋記憶試圖回想，但無論怎麼樣都想不出來。如果回想不起來的話，就代表可以將這一天當成第一次了吧?我這麼想。

那個時候三個人一起看的海。

那是自從我出生以來,第一次打從心底覺得好美的海。

「想要更強」、「變得更強」,大家經常將這些話掛在嘴邊。但是「變得更強」到底是什麼意思?要怎麼做才能變得更強呢?就算是看起來很堅強的人,反而意外脆弱。該怎麼做,才能夠擁有不會受挫於一點打擊或壓力、堅強又柔軟的心?如果是肉體的話,只要鍛鍊肌肉就能變強,但是究竟該如何才能讓自己的心靈變強呢?

或許正確答案是不存在的。也許每個人答案都不一樣。

我認為,讓心靈強壯的方法,就是製造出許多很美好、很開心的回憶。擁有許多快樂回憶的人，是不會輕易對人生絕望的。就算遇到難熬的事情，他也會明白痛苦不會一直持續下去。

這種人也絕不會捨棄身為人類的尊嚴與良心，因為他明白，如果丟棄了尊嚴和良心的話，就無法讓自己再感受到快樂了。

我從加奈和大將那裡得到了好多、好多快樂的回憶。

他們兩個人基本上都是運動派，但加奈的個性比較喜歡欺負人。

她曾經強迫不擅長戶外活動的我踩上從來沒踩過的滑雪板，讓我獨自一個人從雪山山頂上滑下去。那個時候，我的尖叫聲響徹整個滑雪場，連自己都聽得到。她還曾經讓我穿戴上蛙鞋和潛水呼吸管，從船上一把將我推進海裡。雖然我對加奈充滿怨氣，但更深的是愛情和感謝。明明被陷害了，照片中的我卻無比快樂地笑著。即使是現在，我也好想再被加奈推進海裡。

這樣的回憶在我心中累積得愈來愈多，我也漸漸地可以變得堅強了，就算過去黑暗時代的傷口被掀起，也能夠不受動搖。

但是，和心靈傷痕的戰役就像在玩RPG遊戲一樣，隨著自己的等級提高，就必須和更強悍的敵人對戰。這個時期的我，終於能和大魔王級的敵人同台對打了。

19 大魔王就在我心中

如果要說帶給自己最多折磨的是誰，不是別人，就是我自己。

和最喜歡的大將與加奈共度快樂時光的同時，我的工作變得愈來愈繁重。公司一直要求我「賣更多」、「營業額要達到去年的兩倍」，而我最恐懼的事情就是無法達到公司期待。我內心主觀認為，大家在公司裡和我感情很好、我和大將與加奈能過過得這麼快樂，都是因為我是個能賣出東西的銷售員。

我的體力也超過了負荷，每天都工作將近十四到十六個小時。不僅如此，當時的我也開始做一些不符合規則的事情。我會越界到其他銷售員負責的區域去販賣商品，這是公司內嚴格禁止的行為。甚至，我還擅自流出其他部門的顧客名單、未經允許就將公司內部資料帶出公司、在近乎不可能的交貨期限內下單等等。

「我們不可能在這個期限前完成交貨。」就算工作人員抗議，我也會大聲吼他們：「我們這麼努力在賣商品，你們幫忙是應該的！」對於其他工作人員，我也逼迫他們都要有加班到深夜的覺悟。

察覺到我行事詭異的同事指責我：「你該不會在做不正規的事吧？」

「這也沒辦法啊！」我一氣之下向他怒吼：「我在這個部門裡一定要賣得最好，甚至還要幫賣不出去的傢伙收拾爛攤子。如果凡事都照規矩來會完蛋的。難道說我完蛋了也沒關係嗎？」

面對激昂的我，同事露出了退縮的表情。沒錯，我成了精神暴力的加害者。我甚至還向他說：「如果你當作不知道這件事的話，我就讓你也能多賣一點。這樣不是很划算嗎？」

隔天，我被主管叫過去談話。「你是不是在違規銷售？」在主管的質問下，我被血氣沖昏了頭。

「那個混帳居然告發我，我要打垮他！」

我一怒之下冒出了這個念頭，下個瞬間，我猛然回過了神。我的腦海裡突然出現媽媽的臉。在他人面前擺出和氣的樣子，實際上卻不惜逼人說謊以隱瞞對自己不利的事情，對方一不順從就要擊垮他。這就是我受人歡迎的母親。我明明就是討厭這樣的媽媽，因而逃離她，在沒有她的地方生活，現在卻做出了和媽媽沒有兩樣的事情。

明明是這麼痛恨的媽媽。

但是，媽媽就是我自己。

我怎麼這麼陰險呢？我打從心底這麼想。

我成了沒有信念、猶如一塊塊積木歪斜堆積而成的大人。我拚命往上愈疊愈高，等回過神來，已經整個人搖搖欲墜了。每當我發現自己快撐不下去的時候，內心都感到痛苦不已。過去受傷的記憶全都被喚醒，對著我頻頻低語：「你活著也沒用，不如去死一死吧。」在無止境的恐懼之下，我漸漸變成了一個卑鄙的人。因為懼怕「你活著也沒用」這句話，結果，我竟然真的差點變成活著也沒用的那種傢伙。

如果要說帶給自己最多折磨的是誰，不是別人，就是我自己。這樣的自己讓我受到更多苦痛。我應該對戰的對手，就存在於我的內心之中。

我不想輸，但是，也沒有能贏的自信。

我徹底不認為真正的自己能夠被其他人所接納。我深信如果不拚死命去做某件事情，就不會有任何人願意理我，於是無止境地強迫自己再加倍付出努力。然後，招致了讓其他人也跟著受苦的後果。

「我還有活著的價值嗎？」

深深陷入低潮的我，開始和大將避不見面。我太厭惡這樣的自己了，沒有臉去面對溫柔的他。對於在同一間公司工作的加奈，我也盡可能能避則避。

20 自己的力量

大將、加奈、君津，以及活在我心中的奶奶，我腦中浮現出他們的臉後，內心終於湧現一股「我也辦得到」的心情。

我有一段時間和誰都不想見面，加奈看到在公司裡像個亡魂般無精打采的我，非常擔心，就和大將提議：「找阿歌一起出來吧。」大將一聽，馬上就到我的公寓來找我。

「發生什麼事了？都說出來吧。」被大將這樣宛如耀眼陽光的人一問，我不知怎麼地就沒辦法反抗。我花了很長一段時間，將自己小時候的事情、在公司做出的違規情事，全都對大將坦承。我努力不讓自己哭出來，一五一十地吐露出厭惡卑劣的自己，卻又無計可施的心情。

大將抱著我的肩膀，一個字一個字緩慢地說：「雖然阿歌討厭這樣的自己，但是，我很喜歡阿歌喔。」

我什麼話都說不出來，只是拚命忍住眼淚。大將又繼續對我說：

「阿歌太執著於自己缺少的東西和自己的缺點了。你不是擁有很多東西嗎？你的優點也很多啊。你多看看身邊這些事物吧。」

「我才沒有優點。」

「你有！」

大將堅定地這樣告訴我後，我才第一次認真思考起自己擁有的事物和優點。而正如同大將所說的，我確實擁有許多東西。畢竟，我的身邊有大將和加奈，還有君津，我的心中也有和奶奶相處的回憶。我也有優點，我很擅長寫文章和說服別人，或許是從受人崇拜的母親繼承而來的能力吧。另外，我遇到難題不但能完美解決、成果甚至往往超出預期，這必定也是從媽媽身上繼承而來的能力。最重要的，我還有健康的身體，這無疑更是父母親賜給我的恩惠。我終於發現到，原來我從媽媽身上得到的，不全是不好的事物。

「不要再光想著沒得到的東西了，轉頭看看自己擁有的事物吧。」多虧了大將，我開始能夠這麼思考。

後來，我向主管坦承了自己的不正當行為。大將的一番話給了我力量，讓我得到了可以前進的勇氣。

「從黑暗孩提時代開始，往上一塊塊歪斜堆積、沒有穩定根基而搖搖欲墜的積木，那就是我。但是，我還有自己的力量，我應該可以用這股力量，將歪斜的積木重新疊好吧？」

我開始這樣思考。

我不想再討厭自己，也不要再矇騙自己了。我要展現真實的自己，堂堂正正地活著。

我想要愛著真正的自己，也想要被人所愛。

大將對我說了一件他學長的事情：

「我的學長也和父母處得很不好，有人對消沉的他說：『如果想要改變父母，你就得先改變自己。如果小孩變了的話，父母也一定會轉變的。』」

這是真的嗎？難道不是只是一種心理的影響嗎？我雖然抱著一絲懷疑，但和這句話本身比起來，我更相信說出這些話的大將。

「仔細想想，現在的我看來，媽媽當時也是很不幸的。她的生活很墮落，臉上總是看起來很哀傷。如果這樣的我可以帶給媽媽幸福，說不定媽媽也是能改變的吧。」

雖然腦中冒出這樣的念頭，但實際上，我真的能如願辦到嗎？我忍不住陷入苦思，內心動搖不已：「或許做不到」、「怎麼可能做得到」、「或許我真的做得到」……最後，我在心中得出了結論。

「我想，我可以做得到的。」

大將、加奈、君津，以及活在我心中的奶奶，我腦中浮現出他們的臉孔後，內心終於湧現一股「我也辦得到」的心情。

「我辦得到的，因為現在的我很幸福。我以前不懂得幸福的意思，現在終於明白了。幸福就是，在這個世界上，存在著一個就算死了也不會背叛自己的人。」我這樣想著。

21 再度面對媽媽

無論是順遂的時候，或者是挫折的時候，都一定會遭遇變化。維持原狀不變的事物，在這個世界上是幾乎不存在的。

在大將的幫助下，我決定重新修補和媽媽的關係，然後以此為根基，讓如同歪斜積木的自己重新整頓出發。問題在於該怎麼做。如果貿然跑去和媽媽見面，可能對雙方來說難度都太高了。要是一個不小心，說不定會重演像過去一樣互相責備、痛罵的狀態。

於是，我開始寫信給媽媽。如果是藉由文字溝通，就能夠謹慎地選擇用詞，傳遞出自己的心情。而且，就算一開始沒辦法心平氣和地讀，也可以等冷靜下來以後再讀。最重要的是，我相信文字本身具有力量。

在給媽媽的信裡，對於過去和媽媽之間發生的事，我一個字也不提。

我只寫下在公司以超級銷售員的身分得獎、很照顧我的上司、重要的朋友……等與現在相關的事情。然後，我決定無論今後會寫給媽媽多少封信，都必定會在信中寫下「對不起」、「謝謝妳」和「請保重」這三句話。就這樣，我持續寫信給媽媽，寫了兩年，她從來不曾回覆我。

這個時候的我才二十來歲，還是年輕人，還無法具體想像人生的變化會多麼曲折。我漸漸覺得，自己是不是就只能像這樣，持續過著只是一味寫信給媽媽的日子。

「如果這樣的話也沒關係。」我甚至開始這樣想：「我還有君津、大將和加奈在身邊，只要有他們在，我就不是一個人。」和他們在一起的時光，對我來說就像波浪反射的陽光般閃閃發亮。

但是，人生是會面臨變化的。

無論是順遂的時候，或者是挫折的時候，都一定會遭遇變化。

維持原狀不變的事物，在這個世界上是幾乎不存在的。

閃爍在波浪間的光芒，也絕對無法永遠留在手中。人生是沒辦法抗拒變化降臨的，只能對正要離去的事物揮手道別，然後迎接即將到來的嶄新日子。

時間會改變一切，這是沒辦法的事。至今擁有的事物會消失不見，過去不曾得到過的東西也會出現在眼前，這就是時間的力量。而生命，和時間是相同的。

自從我開始寫信給媽媽，恰好過了兩年左右的時候。大將和加奈終於結婚了。驚喜的我為他們投以全心祝福，接下來大將說的話卻讓我受到了打擊。

「其實，我被調職到鄉下了。」

我不可能要他別去，只能回答：「我會去找你們玩的。」但一想到至今為止的週末時光不會再到來，我的內心就被失落感所籠罩。

不久，大將和加奈舉辦了婚禮，婚禮結束後兩人就搬家到鄉下了。成為音樂劇演員的君津，也正在忙著全國巡迴公演。雖然寂寞，但我只能接受必須獨自一個人度過的週末。我繼續過著讀書、看電影、寫著不知道會不會被拆開的信給媽媽的生活，一個人獨處的時間也增加了。

就在我又一次想著「人生就會一直這樣下去吧」的時候，一切果然就發生了變化。一段時間後，出乎我意料之外的事情發生了。

我從來沒想過，我竟會接到來自媽媽的電話。

電話在我吃飯吃到一半時響起，我一如往常接起聽筒說了聲「喂？」之後，聽筒那一端傳來媽媽的聲音。我的身體一瞬間無法動彈。那是我暌違數年不曾聽過的，媽媽的聲音。

媽媽在電話那一頭哭泣。聽媽媽說，她在我離家出走後又結了一次婚，而她的再婚對象最近過世了。我回想起媽媽過去以來和每個同居對象總是吵架激烈，忍不住心想「終於有人死了啊……」但我當然沒有將這句話說出口。

「無論我寄了多少信都沒有回音，等到自己遇到難過的事時才打電話過來。」我內心忍不住湧起怨言，但也只是將抱怨留在心底。

「我想要你來參加我再婚對象的葬禮。」媽媽對我說，還說到姊姊已經搬到美國居住，所以無法回來參加。

我換上喪服前往守靈夜的會場，媽媽指著親戚席要我坐下。她比我想像得要老許多，變得比記憶中更小了。但是，媽媽還是相當美麗。她把我叫來參加葬禮是想見我一面？還是只是因為兒子不參加的話在親戚面前就沒面子呢？這些問題讓我難為情又疑惑，不敢問出口。

守靈夜結束後，我到媽媽住的地方幫她搬行李。

一進到媽媽的家，我就被客廳裡為數眾多的相框給嚇到了。全部都是媽媽和死去丈夫的照片。在巴黎鐵塔前拍的照片、在紐約自由女神像前拍的照片、在雅典的帕德嫩神殿前拍的照片……媽媽和這任丈夫到世界各處去旅行。

媽媽開始和我說起自己和從事不動產仲介的丈夫生活，是多麼富裕幸福，然後因為丈夫工作的實際內容大多是她經手的，就算丈夫不在了還是可以輕鬆地一年賺進幾千萬。我安靜地聆聽，她接著突然說起我出生前後的事情。

「我兩個小孩都不需要。」她這麼說。

在我出生以前，媽媽似乎就已經很疲累了。

家事、父親工廠的事務、還有年幼的女兒和婆婆的照護，以及工廠員工的照料等等，在忙得頭昏眼花之中還要生第二個孩子，這已經超出了她的極限。而當她在周圍人們「不生一個繼承人嗎？」的極大壓力下懷上我的時候，又發現父親似乎有了其他的女人。

「當時真的好累。」媽媽接著對我說，她當時心想，自己才不是生孩子的工具，而曾經認真動過墮胎的念頭。

「已經很晚了，我回去了。」

我說完就走出媽媽的家，往車站走去。到車站的路上會經過隅田川的渡橋，我打算眺望一下河面，就站在橋上望著夜晚的河川。隅田川兩旁佇立著高樓大廈，夜景相當美麗。

媽媽的話裡，有很多部分我是同情她的。她是在非常辛苦的時期生下我的吧。在媽媽生活的那個年代，妻子會被強加上很多重擔。就算說當時的日本是建立在妻子的犧牲上也不為過，是個嚴重忽略「女性無法選擇自己的生存方式」這個問題的社會。在那樣的社會風氣下，媽媽確實過得相當辛勞。她遭受的壓力、勞動帶來的疲憊，再加上對於父親外遇的憤怒，都不是普通人可以承受的事。

就算如此，那也不是容許對我施暴的理由。絕不能因為這樣，就可以讓我每天活在可能會被母親殺死的恐懼之中，遭受這一切恐怖的事情。最重要的是，「我不需要你，我根本不想生下你。」這根本不是應該對小孩說出口的話。

「我不要再寫信給媽媽了吧，然後，也不要再來見她了。」

我內心這樣想，並不是憤怒後下的決定，而是覺得這樣做才是最好的。

「媽媽都對我說出這些事情了，一定是很討厭我吧。她都明確地說不需要我了，我就別再接近她了吧。」

我抱著平淡的心情，下定決心與媽媽訣別。

「媽媽，再見了。我要掀開人生的另一幕，繼續往下走了。」

我在內心小聲說完，走過渡橋，往回家的路上前進。

22 宛如回力鏢

至今為止，我好幾次放棄過寫作，也曾有很長的時期什麼都不寫。
即使如此，不管我捨棄過多少次，寫作還是像回力鏢一樣回到我身邊。

決心和媽媽告別的我，不再寫信給媽媽，取而代之的是，我開始寫起了小說。

雖然我在學生時代寫過不少舞台劇腳本，但自從出社會後便只是寫一些資料、報告或是信，已經很久不曾寫故事了。我投入於寫作之中，再次發現到自己只要一開始提筆寫下去，就真的停不下來。「對我來說，寫作到底是什麼呢？」我寫著小說，一邊反覆思考著這個問題。

孩提時代，我每天都拿著工廠堆積如山的紙張創作自己的故事，那是我最喜歡的遊戲。將成品拿給工廠的人和奶奶看，比什麼事都讓我開心。進入機構時，我最快樂的時光也是寫信給奶奶的時候。黑暗的十來歲少年時期，我也總是在筆記本寫著故事和隨筆，將自己的痛苦思緒化為文字在紙上傾吐。我一直希望總有一天能有人來讀、來理解我，那是我唯一的微小願望。

現在回想起來，我在寫作時心中必定抱持著某種希望。每當我揣摩著誰會覺得有趣、會理解或是接收到我傳遞的訊息，就能感受到生存的希望。我是為了求取希望，才坐在書桌前寫字的。

至今為止，我好幾次放棄過寫作，也曾有很長的時期什麼都不寫。即使如此，不管我捨棄過多少次，寫作還是像回力鏢一樣回到我身邊。我遭遇過挫折、絕望，也有過生活痛苦的時刻，但只要這雙手還能寫出一點什麼，至少就不會失去希望。

「寫作對我來說，就等同於希望。」我打從心底真心地這麼想。

有一位在納粹收容所的大屠殺中存活下來的人，在書裡寫道：「為什麼我能活下來呢？那是因為我始終沒有放棄希望。」在絕望之中怨嘆自身不幸的人，輸給了飢寒交迫、疾病和虐待而死了。這本書還寫到許多關於希望的論點，作者似乎是因為寫到一半的研究論文還沒完成，以寫完論文為希望。他還寫道：「人只要擁有希望，直到死去的瞬間都能活得光輝燦爛。」

「我只要一直寫作下去，就能活得光輝燦爛了吧。」讀完這本書後，我便開始這樣想。「寫作的能力」不會逃跑，人只要還活著，「寫作的能力」也不可能會被奪走。我想，就算某天看不見盡頭的絕望感又造訪了我，「寫作」還是能夠將我帶往希望的前方吧。一直以來抱著膽怯、活在不安之中的我，必定會在寫作的引領之下來到希望之光的面前。

自從開始創作小說以代替寫信給媽媽之後，終於，我完成了幾篇故事。讀過小說的，只有好友君津。

「很有阿歌的庸俗風格，很有趣呢！」雖然是個說不出好話的讀者，卻是我在這個世界上唯一的書迷。

「你不給大將看嗎？」君津問。

「太丟臉了，不要啦。」我回答他：「讓大將讀我寫的東西，就好像拿給自己的爸爸看一樣。沒有人會想讓爸爸看到自己寫的東西吧？」我要求君津，絕不能將我寫小說的事情告訴大將。

過了不久，加奈為了待產回到東京的老家。我看到加奈的肚子漲得像西瓜一樣大，感到很不可思議。

「來摸摸看。」加奈笑著對我說。

我反覆伸手摸了摸加奈的肚子，問她：「肚子裡有小嬰兒是什麼感覺？」加奈露出嚇人的表情回答：「好像肚子裡有異形一樣！」

「哇啊！異形嗎……」加奈看到吃了一驚的我，覺得很好笑一般，大笑起來。

「但是啊，我腦中整天只思考著，要怎麼讓這個異形健康出生。整整十個月來只想著這件事。世界上所有母親都是這樣想的吧。」

「十個月……好長的時間啊。」我心裡這麼想。

世界上所有母親都是這樣想的吧。如果按照加奈說的，媽媽在懷著我的期間，或許腦中也只想著我吧？我小的時候，媽媽是我最重要的人。這樣說來，無論是對媽媽或對我來說，我們都曾經是彼此最重要的人。

現在，我們已經不會再認為彼此是最重要的人了。但是過去，至少當我在她肚子裡的時候，媽媽曾經把我當成最重要的事物。

「阿歌！」就在我思考著這些事的時候，大將喊著我的名字，打開門走進來。加奈回老家的這段期間，大將只有在週末才會從鄉下回來。

「阿歌的小說太棒了！我好感動！」聽到大將這句話，讓我嚇了一大跳。

「大將怎麼會讀到我的小說！」

原來，君津影印了我的小說，寄給在鄉下的大將。不愧是惡魔的作為。我在心裡發誓，下次見到他，一定要給他來一記飛踢。面對慌張的我，大將又繼續說一些天方夜譚：

「阿歌，你去投稿文學雜誌的新人獎嘛！一定會上的！絕對會！」

他到底在說什麼啊！什麼投稿文學獎，我一點自信也沒有。

「絕對會落選的！在初次審核就百分之百會落選啦。我才不要投稿。」

寫作是我內心唯一的依靠，我不想讓寫作蒙上任何可能會導致失望的陰影。然而，身為健壯運動青年又喜歡欺負人的大將，是不允許任何畏首畏尾的喪氣話的。

「不行，去投稿。」

大將這麼一說，我也就無法反抗他，因為我最喜歡大將了。我抱著戰戰兢兢的心情，將自己的小說投稿到主流文學雜誌的新人小說獎。

接著發生了什麼事呢？我通過初次審查和二次審查，一路進到讓職業作家評審的階段，評審團陣容是只要一說出名字大家就會知道的知名作家。

「大家都很喜歡阿歌的庸俗風格呢！」君津萬分開心地說。

不管是很庸俗還是很愚蠢都沒關係，如果有可能得獎的話，我當然希望能獲獎。我興奮地這樣想著。

23 媽媽的求救

「你應該去見你媽媽。可能見了面後會後悔也說不定，但還有能做的事情就應該去做，不是嗎？」

那是在我鼓起勇氣投稿的小說進入審查階段、等待結果時發生的事，我又一次接到了媽媽的電話。我心想著她這次又有什麼事，一問之下，媽媽竟然對我說：「幫我買安眠藥。」

「沒有醫院處方簽的話不能買安眠藥。」我有點慌張，但還是想著必須告訴她正確的資訊才行。沒想到媽媽聽到我的回答，氣憤地丟下一句「那就算了」，掛斷了電話。

「這個人是怎麼樣？」覺得很火大，但又想到，媽媽失去了再婚的丈夫後現在孤單一人，如果丟著她不管，自己心裡也不好過。於是我就到藥妝店買了藥效比較輕微的助眠藥劑寄過去。畢竟為人子女，我還苦心思考要一起送些什麼以代表兒子的微薄心意，「如果放橘子進去的話媽媽會吃嗎？放一點醃漬小菜如何？」想來想去，最後放了些像樣的東西，和助眠藥劑打包在一起寄給了她。

幾天後，媽媽再次打了電話過來。正當我想著該不會是要道謝的時候，她竟然劈頭就向我發難：「你寄來的藥一點用也沒有，你這傢伙真沒用！」

惡鬼還是回地獄吧，我忍不住這麼想。

但是，不知道該怎麼說比較好，媽媽的樣子好像有點奇怪。她的情緒似乎很不穩定，說的話也前後顛倒，總覺得似乎是精神上受到了什麼壓迫。雖然察覺到媽媽的異樣，但老實說我當時心想的是「誰管她！」我甚至覺得，媽媽對我做了那麼過分的事情，事到如今還以為我會照顧她嗎？

對我提出忠告的，是有著惡魔性格的君津。

「你應該去見你媽媽。可能見了面後會後悔也說不定，但還有能做的事情就應該去做，不是嗎？」君津冷靜地對我說。

「我才不會後悔！」我激動地大吼：「那個人可是把我的自信、自尊和懷疑著『我可以活下去嗎？』的心情丟在地上踐踏。我身為人為了活在世上而不能失去的東西，她可是全部都破壞殆盡了。我明明也想活得更開朗、更燦爛，我也想像普通人一樣活著啊！但是我卻要背負不想承受的痛苦活到現在。為什麼因為那個人遇到了困難，我就非得要幫助她不可？那種人怎麼樣都好啦！」

君津安靜聽我說完，等到我冷靜下來後才慢慢地說：

「那樣一來，阿歌就永遠不會對家人有任何美好回憶，這輩子要抱著遺憾活下去，就要在壓根不懂親情牽絆是什麼的狀況下繼續寫小說了呢。這種作家還真棒啊。這樣你就有兩個很吸引人的介紹詞了呢！『全日本最庸俗的作家』，還有，『全日本最不理解親情的作家』。」

我永遠都講不贏君津，但此刻我已經管不了誰對誰錯，一心只想在和君津的爭論占上風。

「我和媽媽見了面又能怎麼辦？你是想叫我理解她嗎？不可能的，那是絕對辦不到的。話說回來，為什麼非得是我去理解她不可啊？她是母親，我是小孩啊！」我的聲音愈來愈急促。

「理解這種事情啊……」君津緊盯著我的眼睛說：「理解這種事情，是先注意到的人去做的。是發現到必須去理解才去理解的。如果不這樣的話，就永遠不可能會有互相理解的一天。」

看到我說不出話來，君津又繼續往下說：

「但與其說是發現到必須去理解才去做，應該說是發現到自己有能力去理解才去做的吧。」

我安靜地思考了一會兒。

什麼是理解呢？

我回溯小時候和媽媽生活的記憶，開始思考。

如果要說媽媽對我一點情感也沒有，我想那是錯誤的。我可能無法說她對我灌注了滿滿的愛，但也不能說她完全不愛我。真要說起來，是我對媽媽懷抱的愛太深了。我想就這方面來說，全天下的小孩子大部分都是一樣的。但如果被問到我們是否互相理解彼此過，答案幾乎是否定的。

親子之間，或者說人與人之間，有的時候，和情感比起來更重要的是理解。要是徒有愛情而不理解對方，有時就只會是將情感強壓在他人身上而已。

在我的認知裡，愛是極為甘甜的味道。愛著某人的時候，整個人就像被迷住一般心情飄飄然。相反地，理解不全然是甜蜜的滋味，人心有酸的部分，也有苦的部分，當你想理解他人時，也就一定會嘗到那些酸苦。但正因為嘗過了酸苦滋味，才稱得上是理解。

人只要用甜蜜美好的事物餵飽自己的肚子就好了嗎？不是的。愛往往下一秒就無法確定是否還存在著，很容易變動。但是，我們不會看不見已然理解的事物。理解，是一盞將看不見的情感找尋出來的探照燈。

但是我和媽媽不像君津和他的父母感情那麼好，不是能夠敞開心房說話的關係。可能會有人疑惑地想：「明明是母子，為什麼辦不到？」但以我們愛憎激烈交織的母子倆而言，正因為是母子所以才辦不到。就算決定要理解媽媽，但我完全不知道該用什麼方法。

「對了，我去找了解媽媽的人，問看看媽媽的事如何呢？」腦中冒出這個念頭的我，決定前往媽媽老家所在的北關東地區。

24 試著理解她

「在那種生活之中，她能夠認為自己是可以安心活下去的嗎？」這個想法浮現在我胸口。媽媽微弱的自信和希望，是不是也在某處被擊潰得一點也不剩了呢？

我完全不知道媽媽過著什麼樣的童年，媽媽一定也從來不曾向他人提起過吧。我去拜訪了媽媽的妹妹，也就是我的阿姨。要理解媽媽，總之先從調查下手。我盤算著如果有有趣的事情，或許也能拿來當成小說的題材。

「我們小時候的事情？簡直像戰爭一樣呢。」阿姨對我這麼說。阿姨是和媽媽年紀相近的姊妹，媽媽長大後還經常來往的兄弟姊妹也只有這個阿姨。

「那個時候的日本還很窮困，但是你的外婆不但離了婚，還一個女人家扶養八個小孩長大喔。我們家沒有錢，每天都很窮。」

做著勞力活一手撫養眾多兒女的外婆，似乎經常毆打小孩。她不是那種會聽小孩子說話的人，而是凡事先打一頓再說。那時候社會上也蔓延著「單親家庭的小孩不會有好教養」的偏見，外婆為了不讓別人說閒話，非常嚴厲地管教小孩。

聽完阿姨的話，我心想：「即使可能是時代不同的關係，但有這種養育小孩的方式嗎？和在意世間的眼光比起來，難道不是更該看看孩子臉上的表情嗎？這不才是父母該做的事情嗎？」

阿姨是八個兄弟姊妹中最小的孩子，她和媽媽差三歲，而媽媽是倒數第三個孩子。阿姨和媽媽都經常被年紀大的兄姊欺負。

「不管是食物還是其他東西，都會被哥哥姊姊搶走。就算想要拿回來也會被打、被踢，我們每天都過著這樣的日子。」阿姨繼續說到，在弟弟妹妹之中只有媽媽會激烈反抗，「你媽媽如果被打了，就會揍回去，甚至有一次差點把哥哥的耳朵咬下來。她也是最常挨揍的，經常在哭。」

不久媽媽高中畢業就職後認識了父親，就離家出走和父親私奔了。那時候的媽媽才十九歲，接下來等待年輕母親的，就是她上次向我傾吐的，身為妻子必須背負的各種重擔下的生活。

「在那種生活之中，她能夠認為自己是可以安心活下去的嗎？」

這個想法浮現在我胸口。媽媽微弱的自信和希望，是不是也在某處被擊潰得一點也不剩了呢？

「我和媽媽果然是一樣的。」

我暗黑的童年時代記憶，成了讓我理解媽媽內心的推手。就像我曾經極度不安，不知道該怎麼辦才好一般，媽媽也是每天被不安折磨得痛苦不堪吧。或許，媽媽的腦中也會有「妳活著也沒用」的聲音纏著她也說不定。

因為太過不安了，媽媽只好讓自己擁有那樣的美貌，也或許因為如此，她才不得不讓自己成為受人崇拜、愛戴的人。這一切，都是媽媽為了保護自己而產生的特質。

25 再度面對媽媽

這個世界上還有無數懷抱著痛苦而活的生命。
我想要讓他們都看見，我的這場戰鬥。

隅田川是我老家附近的河川，父母離婚後，我和媽媽搬到的新家旁邊也還是隅田川。媽媽來到東京後，就一直住在這條河旁邊。我離家出走後，在距離隅田川非常遙遠的地方生活，但是，隅田川始終在我孩提時代的記憶一隅，潺潺而流。

我再度前去和媽媽見面。當然，我隨時都可以轉身離開，但如果要和媽媽面對面的話，就只有現在能辦得到了。

媽媽和我一直沒能走過名為母子的橋。要是我們從這座橋上掉下來、被川流沖走的話，便沒辦法再上橋。要是不想被沖得更遠，就只能在水中拚命尋找可以攀附的河岸爬上去。

如果掉下橋的媽媽沒力氣游泳，就只能靠我游了。

就算可以逃離媽媽，我也無法從記憶中脫身。

就像是身體的傷痕不會消失一般，我也不能將心靈的傷當成從沒發生過的事。

那麼，我就只能將傷痕轉變成可以引以為傲的證明，製造出新的記憶。

我要變成能堂堂正正說出「這就是我」的自己。

這個世界上還有無數懷抱著痛苦而活的生命。

我想要讓他們都看見，我的這場戰鬥。

久未見到面的媽媽，因為精神衰弱而開始沉溺於酒精。她的眼神毫無生氣，美麗的母親已經不復存在了。兒時的我，絕對無法想像媽媽有一天會變成這樣，因此，見了媽媽，我好一段時間都說不出話來。

在過去，媽媽身邊總是有很多人圍繞著她，但現在這個家裡卻完全找不到最近有誰來訪的痕跡。想必那些人就像退潮的海浪一樣，一個個離媽媽遠去了吧。

「在媽媽恢復健康以前，我要好好照顧她。」我在心裡這樣下了決定。

首先是確認媽媽的健康狀態。我從抽屜翻找出她的處方藥袋，前往醫院詢問醫生媽媽的狀況。醫生說媽媽得的是憂鬱症，再加上高血壓和其他各種症狀，曾經囑咐過她要節制飲酒。媽媽現在還不到重度酒精中毒的程度，只要能控制住就沒問題。

接下來，我開始處理媽媽丟著不管的工作。媽媽繼承了丈夫生前的事業，從事不動產仲介的工作，範圍不限東京，還包含了全關東區的房屋與土地販售。我調查了一下，有很多客戶無法和媽媽取得聯繫，因此相當困擾。我一一拜訪他們，傳達「母親現在身體狀況不好」，說明事情原委並表達歉意，拜託他們再等待一下。

同時，我還必須兼顧自己的工作，每天都非常忙碌，再加上媽媽還時不時會任性要求「給我安眠藥」、「我想喝燒酒」。雖然心底也冒出過「根本是自己撿了一個爛攤子收拾嘛……」的念頭，但一想起過去奶奶曾照顧我的往事，就又重新下定決心，要像當時的奶奶一樣照顧媽媽，於是繼續撐了下去。「我要喝酒。」每當媽媽準備發飆時，我就邊泡茶邊對她說：「那我打電話給醫生，問他妳可不可以喝。」只要讓媽媽忍耐一段時間，她就可以冷靜下來。接著我就會對媽媽說：「抱歉啊，醫生說這星期不能喝酒。今天已經是星期四了，再忍耐個兩天吧。」和媽媽的對話，讓我想起了奶奶拿起年幼的我做的圖畫書放進袋子裡，說「我這就拿去賣」的往事。

就在我日復一日照顧媽媽之際，有一天，發生了一件事。

「我忘記幫伊豆的一間待售屋上鎖了，你可以去幫我鎖嗎？」媽媽對我說。從這裡到伊豆開車要三個小時，我心想沒辦法，就當作是去伊豆兜風好了，沒想到一到屋子前發現門鎖得好好的，一切都是媽媽的妄想。之後又有一天，媽媽打了電話來說：「我身體突然不舒服，現在進醫院住院了。」我馬上丟下工作趕往醫院，發現住院的事根本是媽媽隨口胡謅的。

我忍不住焦躁了起來。

「難道這種事會一直持續下去嗎？簡直就像沒有終點的馬拉松嘛。」我愈來愈感到不滿，不禁開始覺得媽媽是個負荷。這時候，我想起了大將的話。

「如果小孩變了的話，父母也一定會轉變的。」

我說服自己，在這句話賭上一把，相信總有一天，我的人生一定會改變的。

我和媽媽持續著這樣的日子，先是過了一年，然後，兩年的時光過去了。

這時候，我突然發現媽媽和我之間的形勢已經產生微妙的變化。媽媽的健康和工作管理大部分都是我負責的，我不在的時候媽媽不懂的事情漸漸增加。

自然而然地，媽媽也開始必須聽我的話。我不點頭允許就不能做的事情，也變得愈來愈多了。

「今天不能再喝酒了。」

「有人來詢問房屋仲介的事，妳不用回答對方嗎？」

「請妳吃一點飯吧。」

大部分的事情，媽媽都開始必須遵照我說的話做，簡直就像我變成了父母似的。果然人生是會變的啊，我深刻感受到這句話是真的。不管是誰，無論十來歲的時候處於一片黑暗還是置身天堂，都不會一直維持不變的。這個世界上，極少有人長大後過的是十來歲的自己預想中的人生。過了十年、二十年，就會走在當初想像不到的景色之中。曾經恐懼的母親變老了，年輕的自己變強壯了，兒時的我壓根無法想像這樣的日子會來臨，而它終究還是來了。

26 媽媽，請妳活下去

我一定要讓媽媽展開新的人生，讓她從絕望中翻身，重新開始。為此，最重要的就是讓媽媽能擁有活下去的決心。

罹患憂鬱症的媽媽精神狀態時好時壞，時而安定，時而無法控制。但最讓人擔心的是，媽媽看起來沒有想活下去或康復的意思。即使醫生告誡過要控制酒精，但媽媽還是會趁我不注意的時候喝很多酒。

「哎，得了憂鬱症也沒辦法。我也要有耐心才行。」我心中這樣想。一直到某天，我才在令人震撼的情況下得知媽媽會如此自暴自棄的理由。

「這是什麼？」

我買了食物和日用品到媽媽家時，不經意瞥了一眼信箱，一封粉紅色的信封引起了我的注意。信封上以紅色的文字寫著「催繳通知」，這是為了警告欠錢不繳的人「請你快點還錢，再不還我就要訴諸法律途徑了」的一份通知。我嚇了一跳，打開信封一讀，信上要求償還的是極為驚人的金額。

我彷彿整個人被丟入不安的深淵，站也不是，坐也不是，趕緊翻找媽媽收納資料的櫃子，開始釐清她到底借了多少錢。

「我的天啊！」

媽媽的借債竟然高達數億圓！

「該怎麼辦？到底該怎麼辦啊！這些債款到死也還不完啊！」我陷入了恐

慌狀態。

媽媽的丈夫生前經營的公司已經破產了。這時期的日本，進入了可以說是戰後最大的經濟不景氣，很多事業失敗的經營者和被資遣的上班族都會選擇自盡，新聞連續數天都有自殺人數暴增的報導。

媽媽的丈夫生前似乎也遭遇經營不善，為了籌措資金拚命四處奔走，結果太晚發現罹癌，等到倒下的時候已經來不及治療了。而媽媽也不得不幫忙還清丈夫的借款。

家人死亡後留下來的債務，如果遺族申請「拋棄繼承」的話就可以不用償還。但是媽媽為什麼不選擇拋棄繼承呢？如果不在規定期限內完成手續的話，就沒辦法拋棄了。

「媽媽為什麼不拋棄繼承呢？」我慌張了一段時間，漸漸冷靜下來，開始思考著這件事。

如果申請拋棄繼承，死去的人遺留下來的物品，包括金錢和房屋，也都不能繼承。那樣一來，媽媽就必須搬出有著和亡夫共同生活回憶的屋子了。媽媽是不是寧願自己死掉，也不願意搬出去呢？然後，我又想通了一件事。

「媽媽該不會是想死吧……」

「丈夫的三回忌[6]結束後，我也要去死了。」媽媽經常將類似的話掛在嘴邊，我一直當成是她受憂鬱症影響下說的話，但這樣的念頭閃過我腦中：「該不會媽媽那些話都是真心話吧……與其要離開這個家，她寧願選擇死……」

我再一次環顧裝飾在媽媽家客廳許許多多的照片，仔細端詳她和死去丈夫周遊世界各地的一張張合照。每張照片的媽媽都露出幸福的表情，是真切表達出她對丈夫真心愛意的照片。這是媽媽經歷了漫長的不安生活之後，終於擁有的幸福吧。媽媽失去了幸福，從那之後就陷入了絕望的深淵。

「但是，我一定會讓媽媽繼續活下去的。」

總之必須先處理債務的問題。日本有所謂「個人申請破產」的制度，只要到法院提出自己無法償還債務的破產聲請，經由法院認可後，就不用再負擔償還債款的義務。但是，自己持有的財產也必須全部放棄，這間屋子也勢必會遭到沒收、查封拍賣，破產的人得展開新的人生。

我一定要讓媽媽展開新的人生，讓她從絕望中翻身，重新開始。為此，最重要的就是讓媽媽能擁有活下去的決心。

「該怎麼做，才能讓媽媽重拾希望呢？」

6 三回忌：日本佛教的習俗，在過世後第三年舉辦的法事稱「三回忌」。

我讀遍各種關於個人申請破產的書，認真思考，但遲遲想不到好點子，焦慮不已。「一定有個能突破現況的方法在，如果放棄的話，就永遠找不到了。」我這樣想著，又繼續絞盡腦汁思索。

苦思之後，我決定實行一個可能有點辛苦的方法。雖然我沒有自信能夠成功，總之只能一試了。我趁著媽媽情緒比較穩定的時候，向她開口：

「媽，做雜煮飯給我吃。」

我從小就最喜歡媽媽的雜煮飯了。身為兒子的我來說有點自吹自擂，但媽媽的雜煮飯真的是絕品美食。媽媽沒說話，安靜地為我做好了雜煮飯。果然還是一樣美味。

「媽，妳開間餐廳吧。這道雜煮飯絕對會讓人大排長龍的。」

媽媽很擅長料理。我想，如果告訴她擅長的事可以用來工作，說不定能夠為她帶來活下去的希望。

「我也會幫忙的，試著開店嘛。」我不停煽動媽媽，但她只回了一句「你在說什麼啊」，完全不搭理我。我試著努力持續這個話題，但媽媽完全聽不進去。本來我是打算等到讓媽媽找到活著的希望後，再轉而討論債務問題的，但照這樣下去，我只能直接切入正題了。反正是遲早要說出口的事情。於是，我安靜下來，輕聲地說：

「其實我看到妳的催繳通知了。債款的事情，一定要想辦法處理吧。」

這可以說是我人生中最尷尬的瞬間，不過正因為事態嚴重，才必須毅然決然地說出口。

「聲請破產吧。然後開一間新的店，重新來過吧。破產之後，存的錢也可以不用拿去還債了。」

我一口氣說完這些話。但媽媽似乎不想繼續往下聽，直接從房間走了出去。

「不要走！」我加重語氣留住她，我可是認真要決勝負的，「如果妳不想離開這個家的話，我就買下來。我用三十年貸款買下這房子。所以，聲請破產，從頭來過吧。」

經過長長的沉默後，媽媽終於開口：

「如果開了店，最後又失敗怎麼辦？我哪能讓自己那麼沒有面子？」

媽媽在貧困的家庭成長，甚至是在與兄弟姊妹互相傷害中成為了大人。接著，她翻轉命運變身為受人愛戴的女性，過著高人一等的生活，然後始終勉力維持精神上的危險平衡。所以對媽媽來說，被其他人指著臉嘲笑是最恐怖的事。

「沒有面子也沒關係啊！」

我很理解媽媽的這份心情，但還是鼓起勇氣大聲叫了出來：

「我也是一路被說沒出息而活到現在的啊。被媽媽、同班同學甚至我自己咒罵『醜八怪』、『噁心』，活到了現在。就算如此，我還是活下來、努力到現在了。媽媽也要努力啊。」

說著說著，一股想哭的情緒湧上我的胸口，想說的話都堵在了喉嚨裡。其實，我還有其他話想說的。「只要有家人的支撐，就算沒面子、沒出息也可以活下去。我想成為支撐妳的那個人。」我明明還想這麼對她說的，卻一句話也說不出口。我拚命忍住不讓自己哭出來，好一段時間沒發出聲音。一陣沉默之後，媽媽緩緩地開口。

「我一直都沒將小孩當作自己的生存價值。」媽媽放慢聲音，輕聲細語地說：「你也不認為我是個好媽媽吧？我出門一會兒，趁這段時間，你回你的公寓去吧。你不用再來也沒關係了，我不會給你添麻煩。」

媽媽說完，拿起手提包，打開門離開家了。

我明白今天再和媽媽說什麼也沒有用了，只能默默看著她的背影，目送她遠去。媽媽離去後，我好長一段時間只能無力地坐在原位。

27 怎麼做才能讓奇蹟出現？

我心想，現在就是向媽媽傳達我所有心情的時刻，但只要我一打算說出自己真正的心情，情緒就堆積在胸口，忍不住要哭了出來。

到現在為止，我遭遇過好幾次的奇蹟。

奶奶臨終前給我的、宛如宇宙大爆炸的一句話；遲遲沒有成果的工作得到意想不到的大成功；大將、加奈和君津讓我領悟到的事……種種發生在我身上的奇蹟，每次都將我從困境中拯救了出來。我開始思考著，那樣的奇蹟還會再次發生嗎？

「到底該怎麼做才能讓媽媽重拾希望？哪裡可以找到提示嗎？」

我在心中低聲自語，一邊環視客廳，這時映入我眼簾的只有剛才媽媽做的雜煮飯。我心不在焉地望著裝在飯鍋裡的雜煮飯。

「媽媽大概不信任我吧。這麼長的時間以來，我都支撐著媽媽，但就算如此，她還是完全不相信我。或許媽媽連她自己也不信任，也理所當然看不見我和她之間的羈絆，所以她現在只感到絕望。但是，即使只是小小的幸福也好，我一定可以幫助媽媽得到，也一定會這麼做的。我希望媽媽能看看我們之間的羈絆。我可以藉著這道雜煮飯，辦到這件事嗎？」

我站了起來，將飯鍋裡剩下的雜煮飯放進塑膠盒裡，準備帶回自己的公寓。接著我前往超市，開始採買雜煮飯的材料。

事實上，這時候的我已經能做得出和媽媽相同味道的雜煮飯了。雜煮飯不會出現在外頭餐廳裡的菜單上，更何況，和媽媽相同味道的雜煮飯是在哪間店都吃不到的。如果想要吃的話，就只能自己學著做出和媽媽相同的味道。當我在四張半榻榻米大的破舊公寓，一邊生活，一邊工作的時候，我就開始嘗試做雜煮飯，經過好幾次的失敗、反覆研究，到了現在，總算能成功做出來了。

我在媽媽的家裡，開始做起了雜煮飯。

「我要告訴媽媽，我和她一直以來都是靠著雜煮飯維繫彼此的，這份牽絆也始終沒斷過，還有，在我還活著的時候她都不會是一個人。這些事情，媽媽可以理解吧？」

我心裡思考著種種事情的同時，手邊的料理也完成了，那是和媽媽味道完全相同的一鍋雜煮飯。我將自己的雜煮飯放進飯鍋，帶著媽媽做的那一份，回到了自己的公寓。

隔天是假日，我想趁著白天時和媽媽見面，就打電話給她：「今天天氣很好，一起散個步吧？」約了她到隅田川邊的散步步道。雖然明白接下來和媽媽要討論的絕不是什麼輕鬆的話題，但我希望至少兩個人能在晴朗的藍天下說話。

我和媽媽眺望著河川與步道兩旁的樹林，有一段時間，我們只是沉默地走著。河面閃閃發著光，傳來一絲絲大海的味道。從樹葉間灑落的陽光在地面上錯落繪出美麗的影子。

我告訴了媽媽，自己投稿文學雜誌的新人獎後進入決選名單、最後卻落選的事。

「但是我留到了決選名單，已經很厲害了。在那之前我從來沒想過自己寫的東西能得到世間的評價，但這樣的事情還是發生了。我本來沒有一點自信，不過，或許是這件事為我帶來了信心。」

媽媽完全沒轉頭看我，我繼續對著不理睬自己的她說話，尋找進入主題的時機。直到媽媽抬起臉看著水上巴士從河面上駛過，我終於切入正題。

「媽媽最近好像沒什麼自信。感覺發生了很多事，讓妳累了。」

媽媽什麼都沒回答。我繼續往下說，為了讓媽媽開口說話，我試著問她一些容易回答的問題。

「媽，妳今天早上吃什麼？」

「雜煮飯的剩飯，還不都是因為你剩了很多。明明你帶回家就好了。」媽媽終於開口了。

「媽媽做的雜煮飯我都帶回家了。妳今天早上吃的是我做的。」我這麼說完，媽媽一臉愣住。這也是當然的，畢竟全天下不會有人做出這種事。

「吃起來和媽媽做的一模一樣吧？」

我心想，現在就是向媽媽傳達我所有心情的時刻，但只要我一打算說出自己真正的心情，情緒就堆積在胸口，忍不住要哭了出來。在母親面前哭泣，對於老大不小的成人來說是一件很嚴重的事情。

「媽媽，我啊……」我拚命地忍住淚水開口：「我一直憎恨著妳，甚至想過要妳去死、最好掉到地獄。但是，如果想要吃最喜歡的雜煮飯的話，就只能學著做出和媽媽相同的味道來才行。」

我一口氣說出來，真的快要忍不住眼淚了，只能慢慢地說。聽著斷斷續續說話的我，媽媽只低聲回了一句：「這樣啊。」

「媽，去聲請破產吧。只要破產了，就可以繼續活下去。妳不是一路辛苦過來了嗎？沒有人會嘲笑或責備媽媽的，至少我不會。」

我忍耐著讓自己不哭，已經接近極限了。

「就算破產了，也什麼都不會變的。就算不能使用信用卡，這種小事也沒什麼大不了的。一點都不是什麼丟臉的事。開一間餐廳吧，如果真的很不想開店的話，其他的工作也可以。找個旅館當接待不也很好嗎？媽媽無論做什麼都比別人厲害，所以一定能成為受人歡迎的接待，再一次被大家給包圍的。」

我已經止不住淚水，眼淚流到鼻子、滑落到下巴，一滴一滴地落在地面。雖然看不見自己的臉，但我想一定已經哭得很慘了。我一想著要說些什麼，就有一股熱流滿溢而上，難以繼續說話。但是，這句話我一定要說出來，於是努力地擠出了聲音說：

「不管媽媽在哪裡做什麼，最喜歡媽媽的我，永遠都會在。」

隅田川的水面反射著陽光，悠然流向遠方。

我這才注意到，媽媽也哭了。媽媽臉上出現我從未看過的表情，深深烙印在我的視網膜裡。

然後，從媽媽的口中，傳來了我第一次聽到的話語。

「謝謝你。有你在真是太好了。」

那天以後，媽媽開始重新整頓生活，提出破產的聲請，也著手為新的工作做準備。媽媽的身體也轉眼間就恢復健康，開始對活下去抱有希望。

28 夢想意外地實現了

每次看著東京晴空塔，我就好想吃雜煮飯。接下來我就會想起，在流經晴空塔的隅田川岸邊，我和媽媽一起散步、對話的回憶。

從那之後，十幾年的時光過去了。

我現在從事畫漫畫和撰寫小說、專欄的工作，擁有許多為我加油的讀者。我內心想著每一個讀者，懷抱著如同當初畫圖畫書給奶奶看的心情，每天持續創作著作品。

雖然不是年紀輕輕就發揮才能、成為明星般的人生，但像這樣歷經好幾次放棄和擱置、一步一步緩緩讓夢想成真的歷程也是存在的，我忍不住感慨地想。

我從以前就最喜歡寫作了。我想，人生之中能擁有一樣最喜歡的事物是最好的事。最喜歡的事物可以持續帶來希望，也總是能夠將「活下去」這句話傳遞給自己。

克服一切辛苦活到現在的我，現在和稱得上是家人的伴侶建立家庭，在不大卻溫暖的家生活，還養了三隻貓。我和大將、加奈、君津的交情也超過二十年，還是三十年？已經是太過親密的朋友，計算認識多少年也早已沒什麼意義了。

大將和加奈從鄉下搬回到東京，有了兩個女兒。每次我去拜訪他們家的時候，兩個女兒都會對我說「你回來了」。他們對我來說，就是最親近的家人，我最喜歡他們了。

遺憾的是，媽媽現在經不在這個世界上了。她後來過著順遂的生活，身體也變得很健康，只是有一天，時間到了，便展開了新的旅行。雖然不是太長，但我和媽媽最後得以擁有了母子共處的時光。我和媽媽共享的回憶之中，可以有這麼一段平靜的時光，我感到相當的幸福。

我生長的小鎮上，蓋起了東京晴空塔。

東京晴空塔是一座很雄偉的高塔，無論從東京哪個地方都看得見它，就連從我現在住的地區，也能看得一清二楚。它彷彿在說著「看啊，這就是你成長的地方」，高聳地矗立著。在那個我和媽媽的家所在的小鎮上、那個我拿著圖畫畫給奶奶看的小鎮上，晴空塔始終對著我展示它的姿態。

媽媽和奶奶都已經不在這個世上了。

然後，因為活得痛苦而哭泣的自己，同樣也早已不存在了。

我一路以來經歷了許多的事情，現在的我已經改變了。

人生，是會改變的。

不管怎麼被人嫌惡、不管多麼痛恨自己，人都是可以改變的。

因為還年輕，所以會改變。

因為是生命，所以能改變。

無論青春期是在多麼深沉的黑暗中度過，人都可以改變自己。在成為大人以前，我完完全全無法相信這種事，但是現在，我打從心底相信這件事。只要還擁有生命、只要還沒捨棄希望，一切就會有變化的。

每次看著東京晴空塔，我就好想像當初從機構寫信給媽媽和奶奶一樣，寫信到天國給她們。我總有一種錯覺，覺得自己真的能寄信給她們。

每次看著東京晴空塔，我就好想吃雜煮飯。接下來我就會想起，在流經晴空塔的隅田川岸邊，我和媽媽一起散步、對話的回憶。

東京晴空塔對我來說，是個紀念塔，會讓我想起遭遇種種困難後活到現在的所有回憶。雖然擅自將它看成自己的紀念塔可能不太好，但是很抱歉啊，我想不管到了幾歲、不管發生什麼事，只要一看到晴空塔，我都還是會忍不住這麼想。

RG8031

不管媽媽多麼討厭我

•原著書名：手記 母さんがどんなに僕を嫌いでも •作者：歌川泰司 •翻譯：丁安品 •封面設計：蕭旭芳 •責任編輯：徐凡 •國際版權：吳玲緯 •行銷：蘇莞婷、黃俊傑 •業務：李再星、陳紫晴、陳美燕、馮逸華 •副總編輯：巫維珍 •編輯總監：劉麗真 •總經理：陳逸瑛 •發行人：凃玉雲 •出版社：麥田出版／城邦文化事業股份有限公司／104台北市中山區民生東路二段141號5樓／電話：(02) 25007696／傳真：(02) 25001966、發行：英屬蓋曼群島商家庭傳媒股份有限公司城邦分公司／台北市中山區民生東路二段141號11樓／書虫客戶服務專線：(02) 25007718；25007719／24小時傳真服務：(02) 25001990；25001991／讀者服務信箱：service@readingclub.com.tw／劃撥帳號：19863813／戶名：書虫股份有限公司 •香港發行所：城邦（香港）出版集團有限公司／香港灣仔駱克道193號東超商業中心1樓／電話：(852) 25086231／傳真：(852) 25789337 •馬新發行所／城邦（馬新）出版集團【Cite(M) Sdn. Bhd.】／41-3, Jalan Radin Anum, Bandar Baru Sri Petaling, 57000 Kuala Lumpur, Malaysia.／電話：+603-9056-3833／傳真：+603-9057-6622／讀者服務信箱：services@cite.my •印刷：前進彩藝有限公司 •2019年（民108）3月初版 •2019年（民108）11月初版2刷 •定價280元

國家圖書館出版品預行編目資料

不管媽媽多麼討厭我／歌川泰司著；丁安品譯.
-- 初版. -- 臺北市：麥田, 城邦文化出版：家庭傳媒城邦分公司發行, 民108.03
面； 公分. --（不歸類；RG8031）
譯自：手記 母さんがどんなに僕を嫌いでも
ISBN 978-986-344-627-9（平裝）
1. 家庭衝突 2. 親子關係
544.182 108000844